CENSUS OF INDIA 1931

Census of India 1871-1951, 9 Sets In 384 Bindings (9788121258876) Rs. 700000

Census of India 1931, 28 Vols. In 52 Bindings (9788121271233) Rs. 102000

1. India - Report (9788121276153) Rs. 2820 (Vol. I, Pt. 1)
2. India - Imperial Tables (9788121276139) Rs. 3210 (Vol. I, Pt. 2)
3. India - Ethnographical and Administration Report (9788121276115) Rs. 2900 (Vol. I, Pt. 3 & 5)
4. The Andaman And Nicobar Islands - Report, Tables (9788121276078) Rs. 720 (Vol. II, Pt. 1, Pt. 2)
5. Assam - Report (9788121276054) Rs. 1340 (Vol. III, Pt. 1)
6. Assam - Tables and Administrative Report (9788121276030) Rs. 1830 (Vol. III, Pt. 2 & 3)
7. Baluchistan - Report, Imeprial and Provincial Tables and Administrative Report (9788121276016) Rs. 2320 (Vol. IV, Pt. 1 & 2 & 3)
8. Bengal & Sikkim - Report (9788121275972) Rs. 2860 (Vol. V, Pt. 1)
9. Bengal & Sikkim - Tables (9788121275958) Rs. 1660 (Vol. V, Pt. 2)
10. Calcutta (9788121275910) Rs. 960 (Vol. VI, Pt. 1 & 2)
11. Bengal, Sikkim And Calcutta - Administrative Report (9788121275934) Rs. 580 (Vol. V & VI, Pt. 3)
12. Bihar And Orissa - Report (9788121275897) Rs. 1780 (Vol. VII, Pt. 1)
13. Bihar And Orissa - Tables and Administrative Report (9788121275873) Rs. 1190 (Vol. VII, Pt. 2 & 3)
14. Bombay Presidency - General Report (9788121275835) Rs. 3620 (Vol. VIII, Pt. 1)
15. Bombay - Statistical tables (9788121275811) Rs. 3060 (Vol. VIII, Pt. 2)
16. Bombay Presidency Aden - report and tables and Administrative report (9788121275798) Rs. 520 (Vol. VIII, Pt. 3 & 4)
17. Cities of the Bombay Presidency Report & Statistical tables (9788121275750) Rs. 2020 (Vol. IX, Pt. 1 & 2)
18. The Western India States Agency, In Two Parts - The Report & The Statistical Tables (9788121275736) Rs. 2560 (Vol. X, Pt. 1 & 2)
19. Burma - Report (9788121275712) Rs. 1860 (Vol. XI, Pt. 1)
20. Burma - Tables and Administrative Report (9788121275699) Rs. 1690 (Vol. XI, Pt. 2 & 3)
21. Central Provinces & Berar - Report (9788121275651) Rs. 2340 (Vol. XII, Pt. 1)
22. Central Provinces & Berar - Tables and Administrative Report (9788121275637) Rs. 3120 (Vol. XII, Pt. 2 & 3)
23. Coorg - Report And Tables and Madras - Report (9788121275613) Rs. 2680 (Vol. XIV, Pt. 1)
24. Madras - Imperial And Provincial Tables and The Administration Report (9788121275576) Rs. 1950 (Vol. XIV, Pt. 2 & 4)
25. North - West Frontier Province - Report & Tables (9788121275538) Rs. 2300 (Vol. XV, Pt. 1 & 2)
26. Delhi - Report & Tables (9788121275514) Rs. 1180 (Vol. XVI, Pt. 1 & 2)
27. Punjab - Report (9788121275491) Rs. 2070 (Vol. XVII, Pt. 1)
28. Punjab - Tables (9788121275477) Rs. 1690 (Vol. XVII, Pt. 2)
29. United Provinces of Agra And Oudh - Report (9788121275453) Rs. 3380 (Vol. XVIII, Pt. 1)
30. United Provinces of Agra And Oudh - Imperial And Provincial Tables and Administrative (9788121275439) Rs. 3600 (Vol. XVIII, Pt. 2 & 3)
31. Baroda - Report (9788121275415) Rs. 2800 (Vol. XIX, Pt. 1)
32. Baroda - Tables (9788121275392) Rs. 730 (Vol. XIX, Pt. 2)
33. Baroda - Administrative (9788121275378) Rs. 780 (Vol. XIX, Pt. 3)
34. Central India Agency - Report (9788121275354) Rs. 1690 (Vol. XX, Pt. 1)
35. Central India Agency - Tables and Administrative Volume (9788121275330) Rs. 2260 (Vol. XX, Pt. 2 & 3)
36. Cochin - Report & Tables (9788121275293) Rs. 2460 (Vol. XXI, Pt. 1 & 2 - A & B.)
37. Gwalior - Report (9788121275279) Rs. 1470 (Vol. XXII, Pt. 1)
38. Gwalior - Tables (9788121275255) Rs. 980 (Vol. XXII, Pt. 2)
39. H. E. H. The Nizam's Dominions (Hyderabad State) - Report (9788121275231) Rs. 1540 (Vol. XXIII, Pt. 1)
40. H. E. H. The Nizam's Dominions (Hyderabad State) - Tables (9788121275217) Rs. 1510 (Vol. XXIII, Pt. 2)
41. Jammu & Kashmir State - Report (9788121275194) Rs. 2060 (Vol. XXIV, Pt. 1)
42. Jammu & Kashmir State - Imperial & State Tables (9788121275170) Rs. 1940 (Vol. XXIV, Pt. 2 & 3)
43. Mysore - Report (9788121275156) Rs. 1950 (Vol. XXV, Pt. 1)
44. Mysore - Tables (9788121275132) Rs. 1380 (Vol. XXV, Pt. 2)
45. Ajmer-Merwara - Report And Tables (9788121275118) Rs. 780 (Vol. XXVI)
46. Rajputana Agency And Ajmer-Merwara - Report and Tables and Administrative (9788121275095) Rs. 2380 (Vol. XXVII, Pt. 1 & 2)
47. Travancore - Report (9788121276092) Rs. 2960 (Vol. XXVIII, Pt. 1)
48. Travancore - Tables & Administrative (9788121275996) Rs. 1360 (Vol. XXVIII, Pt. 2 & 4)
49. Jaipur State- Report (9788121275859) Rs. 1280 (Pt. 1)
50. Jaipur State- Tables (9788121275774) Rs. 2030 (Pt. 2)
51. Mayurbhanj state- Report (9788121275675) Rs. 3180 (Pt. 1)
52. Mayurbhanj state- Tables (9788121275552) Rs. 3070 (Pt. 2)

Owing to the antiquity and rarity of this book, certain pages are regrettably absent, and readability is compromised due to the blurring of the original text. If you possess any insights regarding the availability of these missing sections, kindly inform us. Your assistance is crucial in ensuring the completion of this significant work for the benefit of future generations.

CENSUS OF INDIA, 1931

BOOK - 16: VOLUME - VIII

BOMBAY PRESIDENCY

PART III - ADEN - REPORT AND TABLES
PART IV - ADMINISTRATIVE REPORT

D. S. JOHNSTON
A. H. DRACUP
&
H. T. SORLEY

GYAN

Published by

Gyan Publishing House
5, Ansari Road
Daryaganj, New Delhi-110002
Phone: 011-47034999, 9811692060
E-mail: books@gyanbooks.com

Distribution Network
gyanbooks.com
India, USA, Canada, UK, Australia

ISBN: 978-81-212-7123-3 (Set) 28 Vols. In 52 Bindings

ISBN: 978-81-212-7579-8 (PB) Vol. VIII, Pt. III, IV

First Published, 1933

2nd Impression 2024

Printed at: Gyan Press, Delhi.

CENSUS OF INDIA 1931

CENSUS OF INDIA, 1931

VOLUME VIII—PART III

BOMBAY PRESIDENCY

ADEN—REPORT AND TABLES

BY

D. S. JOHNSTON

CHAIRMAN, ADEN SETTLEMENT

IN CHARGE OF CENSUS OPERATIONS, ADEN

BOMBAY

PRINTED AT THE GOVERNMENT CENTRAL PRESS

1933

TABLE OF CONTENTS.

REPORT.

MO-II Bk Ra Cs 2—a

REPORT

Previous Census Enumerations.

The first organised Census of Aden was taken in 1881 whereas the enumerations taken previous to 1881 were only attempts to take a Census and the figures were extremely doubtful. The figures from 1881 inclusive up to the year 1931 are shown in Imperial Table No. II. The Census of the 26th February 1931 is the eighth Census. A general idea of the results of the last Census will be found in paragraph 8 hereafter.

Details and General Procedure of Present Enumeration.

2. The Chairman of the Aden Settlement was appointed as the Officer in Charge Census Operations and commenced work in the beginning of June 1930; Mr. W. H. B. Wight, who was Acting as Chairman, was the Officer in Charge Census Operations until 20th October 1930, when Lieutenant Colonel D. S. Johnston, R.E., took over charge. In the beginning of the Census Operations a house to house visit was made to ensure that the numbering was in order. The numbers of the houses were actually taken from the Assessment Register for each section. The general Village Register was then prepared and a complete list of the various divisions of Aden and its dependencies was shown therein. In it was also shown the names of Enumerators, Supervisors and Charge Superintendents. All the sections of Aden and its dependencies were divided into blocks, 50 houses on the average going to a block in the Crater, Maalla and Tawahi Divisions and 100 houses on the average going to a block in Shaikh Othman. The blocks were grouped into Circles and the circles into Charges. Their numbers and the manner in which they were divided are shown below :—

Crater—Circle No. 1—one supervisor—sections A, C & E—No. of Enumerators 22.

Crater—Circle No. 1—one supervisor—sections B, D & F—No. of Enumerators 24.

Maalla—Circle No. 1—one supervisor—section Maalla—8 Enumerators.

Tawahi and Steamer Point—Circle No. 1—one supervisor—sections Tawahi and Steamer Point—12 Enumerators.

Military Limits—Circles Nos. 1, 2 & 3—No. of supervisors 3—Eumerators 13.

Port Limits—Circles Nos. A, B, C & D—three supervisors—No. of Enumerators 13.

Perim—Circles Nos. 1 & 2—one supervisor—No. of Enumerators 6.

Shaikh Othman—Circle No. 1—One supervisor—Shaikh Othman—28 Enumerators.

One Charge Superintendent was appointed to supervise the Census Operations of each of the following Divisions :—

Crater	Charges A & B
Maalla, Tawahi and Steamer Point	Charge C
Shaikh Othman	" D
Military	" E
Port Limits	" F
Perim	" G

Special steps were taken for the enumeration of the Police, Jail Convicts, and Hospital patients by the Heads of those Departments. Special steps were also taken for the enumeration of the entire houseless population of the Crater, Maalla, Tawahi and Shaikh Othman Divisions. The numbers of Charges, Circles and Blocks are shown below :—

Charges	7
Circles	14
Blocks	126

All the charge Superintendents, Supervisors and Enumerators were engaged from Government and Local Fund Offices. One paid man was engaged to do the Office work. All supervisors and enumerators were shown the necessary details of their work. As the schedules were filled in, they were checked. The only exception was in the case of the enumeration of the houseless people and of the Port population, which took place on the final night of the Census. No dislocation of Census work was caused owing to the unavoidable absence of enumerators, on the final night, as there were sufficient enumerators on reserve. The date of the final Census did not coincide with any holiday. All enumerators went out as soon as it was dark to check the final enumeration. New comers and newly born children were added to the list and the names of persons who were absent on the night of the 26th February 1931 were struck off the list. The next morning, all enumerators, supervisors and charge superintendents met together. The total of blocks were checked by the enumerators and supervisors. All Census Officers worked willingly and the totals were telegraphed to the Census Commissioner at Simla and to the Provincial Superintendent at Poona on the 27th February 1931, i.e. on the day after the Census night. Special care was taken so that the Provisional totals showing the number of occupied houses, males, females and total population should be as accurate as possible and the final recorded result only varied from the provisional totals as shown below :—

PROVISIONAL TOTALS.

Number of occupied houses	Males	Females
6,170	31,657	19,152

FINAL RECORDED RESULTS.

Number of occupied houses	Males	Females
6,128	32,345	19,133

The increase in the number of males was due to the fact that a second and further enumeration of the Shipping from the 26th February 1931 to 15th March 1931 of the Ports of Aden and Perim was taken. The final recorded results as regards the number of occupied houses and females show a variation of .7 per cent. and .1 per cent. only. The total number of Census Officers employed was 210 or .4 per cent. of the finally recorded population. Owing to the large number of houseless people in Aden, 58 Census Officers were employed in enumerating them on the night of the final Census. 35 clerks were kept as reserve men and 19 Interpreters were employed to assist the enumerators when the houseless people were enumerated.

STATISTICS DECIDED ON.

3. Information regarding Aden is printed in the form of a separate volume. After correspondence with the Provincial Superintendent of Census Operations, Poona, it has been decided to print the following tables :—

Imperial Tables Nos. I, II, III, VI, VII, IX, X, XIII, XV, Part 1, XVI, XIX and XX.

In addition to the above, Special Tables Nos. 1, 2, 3, Register A and the Summary of Aden Settlement Census of 1931 have also been prepared and printed.

TABULATION OF RESULTS.

4. An Abstraction Office was opened on the 23rd March 1931, and three temporary whole-time clerks were engaged in copying, sorting and preparing the Census Tables. Four half-time checkers, one half-time supervisor and one half-time Deputy Superintendent were appointed to check and supervise the Census Abstraction and Tabulation Work. The above arrangements were sanctioned by Government in their Resolution No. 6804 III-dated the 21st April 1931, General Department. Only one change was made in the personnel of the checkers. There was practically no change from the procedure of 1921. The first thing done was to copy out all particulars regarding Abstraction on to a slip 2"×4½". Different coloured slips were used for different religions. Civil condition and Sex were shown by symbols of different shapes. The rest of the details such as age, caste, occupation, birth-place, language, literacy, knowledge of English and infirmities had to be written up in pencil. The copying and checking was completed by the end of June 1931. Sorting was then commenced. Pigeon-holes were provided and slips were arranged therein in accordance with the details required for each table. Bundles of a hundred were tied up in many cases and the requisite figures were inserted on

Sorters' Tickets which were printed locally. A good and continuous check was exercised and the sorters could not conceal or destroy any slips owing to the fact that the totals of all sections, blocks, circles and charges were always checked with the totals of Register A. This Register is the most important of all the Tables and mistakes were at once detected. Nothing extraordinary took place when the sorting, preparation and checking of Tables was in progress. All this work was finished by the end of October 1931.

COST.

5. The cost of the present Census has been Rs. 6,133 as compared with Rs. 4,718 in that of 1921. This cost is shared in equal proportions between Government and the Aden Settlement Fund. The increase is due partly to the cost of printing and partly to the increased cost of Travelling Allowances.

SUGGESTIONS FOR THE NEXT CENSUS.

6. The following suggestions may be of use to the Officer who may be placed in charge of the next Census Operations :—

Preliminary and Final Enumeration.

The general arrangements should be more or less on the same lines as the present Census. The work should commence early in June and all necessary details as for example, the numbering of houses should be completed in August or September at the latest. The personnel of the Census and other details should be settled before January so as to be ready for the Census to be taken in February or March of the next year. Care should be taken to employ as many men as possible who have worked in the present Census who may be in Aden at that time. The present supervisors and enumerators should be employed if they are still available.

Census Abstraction—Copyists and Sorters.

In the present Census three copyists and sorters were employed and it is recommended that they should again be employed if their services are available at the time of the next Census. They should be whole-time men.

Checkers.

In the present as well as in the previous Census, men in the permanent employ of the Aden Settlement were working half-time only. This work requires careful supervision and was done under some difficulty.

Supervisor.

The Officer should be a full-time man and if this suggestion is adopted in the future, a lot of time will be saved and the Census Abstraction Work will be finished soon. He should carry on all correspondence, keep charge of all records and supervise the working of the checkers as soon as the Census Abstraction Tables are checked.

Deputy Superintendent of Census.

This Officer should also be a full-time Officer and should devote his whole time to Census Work from the beginning of June up to the date when the Census Abstraction Work is completed.

ACKNOWLEDGMENT.

7. My thanks are due to the whole population of Aden both Civil and Military and to the Police for their hearty co-operation and help during the time of the Census. No trouble of any kind arose and this is no doubt due to the tact exercised by the enumerators in paying their house to house visits. Among the actual workers the name of Khan Saheb E. R. Kanga, Deputy Superintendent of Census for Aden, should be mentioned. His experience gained in the two previous Censuses and his whole-hearted devotion to duty in the present one were invaluable. He was entirely responsible to me for the whole of the Census Work from the beginning to the end. The present Census went off very smoothly. The Census work was done very efficiently and this was entirely due to his hard work and excellent supervision.

The following gentlemen also rendered material help and great praise is due to them for their co-operation in the actual enumeration :—

1. Mr. Fred B. Taylor .. Superintendent Charge C.
2. *K. B.* Pestonjee B. Mehta .. „ „ A & B.
3. Mr. Shapurji Sorabji .. Supervisor „ A.
4. Mr. Saeed Moosa .. .. „ B.
5. Mr. F. M. Mehta .. .. „ C—Maalla.
6. Mr. G. N. Sopariwalla .. „ .. C—Tawahi.
7. Mr. S. Ahmed Hydershaw .. .. .. D—Shaikh Othman.
8. Mr. Ali Saeed Habashi .. Census Clerk and General Assistant.
9. Mr. Abdul Khalek Ismail .. Enumerator.
10. Mr. Ali Murshed .. ..
11. Mr. Hakim Mirajuddin .. ..
12. Mr. Abdul Gafoor Mohamed Amin „

Amongst those who worked in the Census Abstraction Office, the following gentlemen worked very hard and satisfactorily :—

1. Mr. Abdul Rehman Nowroji.
2. Mr. Shapurji Sorabji.
3. Mr. Saeed Moosa.
4. Mr. Ali Saeed Habashi.
5. Mr. Syed Anwar Ali.
6. Mr. Saeed Salem Ba Madhaf.
7. Mr. Mohamed Darwish.

Lastly I wish especially to mention the Military, the Aden Police and the Port Authorities ; it was owing to the tactful help given by the Military and the Aden Police that there was no disturbance of any kind.

General Results.

8. The population of Aden is concentrated in well-defined and separate areas. Additional Tables are therefore prepared which will be found immediately after this report and before the Standard Tables. Special Table I gives the results of the present and past Censuses in some details. Special Tables Nos. II and III are also interesting from a statistical point of view. Special Table No. IV which is printed for the first time gives to the reader a very comprehensive idea of the population of the various Divisions of Aden as well as of the Sections of the Divisions. In this Special Table, the numbers of the principal communities of Aden are also shown but the population of the Ports of Aden and Perim is not shown for obvious reasons. From Special Table I, it will be seen that the population counted in 1931 amounted to 51,478 made up as follows :—

Place.	Males.	Females.	Total.	Ratio of females to males ; 1 to
Crater	12,547	8,836	21,383	1·4
Maalla	2,191	1,414	3,665	1·5
Tawahi and St. Point	5,202	2,300	7,502	2·3
Port	2,740	136	2,876	20
Total in civil limits in Fortress	22,680	12,686	35,366	1·8
Shaikh Othman and hamlets	6,712	5,455	12,167	1·2
Total in civil limits in Aden Settlement ..	29,392	18,141	47,533	1·6
Military	1,527	454	1,981	3·3
Total in Fortress	24,207	13,140	37,347	1·8
Total in Settlement	30,919	18,595	49,514	1·7
Perim	1,426	538	1,964	2·7
Grand Total ..	32,345	19,133	51,478	1·7

The high percentage of males to females even among the Civil population is noticeable and the reason is that many people who come to work in Aden leave their families either in the Hinterland or in Somaliland or wherever their homes may be. It is satisfactory to notice from Special Table No. 3 that the number of the "Houseless" population is steadily decreasing. These people are immigrant coolies, labourers and beggars. A remarkable feature is the great decrease of the houseless population in Tawahi and Hedjuff from 1,796 to 518.

Among the Civil population in the whole of Aden there was an increase of 2,648 as compared with the population of 1921; the figures being 47,533 in 1931 and 44,885 in 1921. The main increase in the population was at Crater, Maalla, Port, Shaikh Othman, Imad, Hiswa and Little Aden whereas Tawahi showed a slight decrease in the population. One noticeable feature is the great decrease in the population of the Cantonment and Military; the figures being 4,182 in 1911, 8,147 in 1921 and only 1,981 in 1931. The decrease is due to the reduction of troops in Aden and Cantonment in 1931. 1921 was rather an exceptional period due to the War and the reduction from 1911 is much less.

D. S. JOHNSTON,
Chairman, Aden Settlement,
In Charge Census Operations, Aden.

27th February 1932.

MO-1 Bk Ra Cs 2—2

SPECIAL TABLE No. 1.

Section.	Number of occupied houses. Census of		Males.				Females.				Total population.			
	1921.	1931.	1901.	1911.	1921.	1931.	1901.	1911.	1921.	1931.	1901.	1911.	1921.	1931.
CIVIL.														
Crater A ..	403	441	..	..	3,266	2,923	..	..	2,574	2,377	..	..	5,840	5,300
Crater B ..	247	264	..	..	1,403	1,370	..	..	556	701	..	..	1,959	2,071
Crater C ..	422	299	..	..	2,144	1,975	..	..	1,855	1,824	..	..	3,999	3,799
Crater D ..	270	288	..	..	1,973	1,819	..	..	1,201	1,210	..	..	3,174	3,029
Crater E ..	238	257	..	..	603	743	.	.	603	716	..	..	1,206	1,459
Crater F ..	337	*440	..	..	1,650	2,297	..	.	1,385	2,004	..	..	3,035	4,301
Crater Houseless ..	..	..	2,436	2,027	1,206	1,420	48	35	9	4	2,484	2,062	1,215	1,424
Crater Total ..	**1,917**	**1,989**	**10,806**	**12,220**	**12,245**	**12,547**	**6,718**	**7,631**	**8,183**	**8,836**	**17,524**	**19,851**	**20,428**	**21,383**
Maalla ..	327	286	854	1,205	1,650	1,868	602	931	1,163	1,413	1,456	2,136	2,813	3,281
Maala Houseless ..	..	..	291	785	544	293	15	24	22	..	306	809	566	293
Maalla Barrier Gate Houreless ..	..	..	..	..	12	30	..	..	..	1	..	..	12	31
Maalla Total ..	**327**	**286**	**1,145**	**1,990**	**2,206**	**2,191**	**617**	**955**	**1,185**	**1,414**	**1,762**	**2,945**	**3,391**	**3,605**
Tawahi, Hedjuff and Steamer Point	591	536	3,793	3,953	4,109	4,684	1,374	1,671	2,125	2,300	5,167	5,624	6,234	6,984
Tawahi Houseless	..	..	1,188	1,339	1,450	446	31	15	2	..	1,219	1,354	1,452	446
Hedjuff Houseless	..	..	316	190	344	72	..	..	..	..	316	190	344	72
Tawahi, Hedjuff and St. Pt. Total.	**591**	**536**	**5,297**	**5,482**	**5,903**	**5,202**	**1,405**	**1,686**	**2,127**	**2,300**	**6,702**	**7,168**	**8,030**	**7,502**
Port, on land ..	35	†	40	67	95	..	2	6	14	..	42	73	109	..
Port, afloat ..	11	..	2,778	2,390	1,552	2,740	96	8	69	136	2,874	2,398	1,621	2,876
Fortress Civil limits Total ..	**2,881**	**2,811**	**20,066**	**22,149**	**22,001**	**22,680**	**8,838**	**10.286**	**11,578**	**12,686**	**28,904**	**32,435**	**33,579**	**35,366**
Shaikh Othman ..	2,242	2,300	2,921	3,647	5,485	5,475	2,746	3,174	4,437	4,753	5,667	6,821	9,922	10,228
Shaikh Othman Houseless ..	..	..	567	335	486	403	32	3	27	70	599	338	513	473
Sh. Othman Total ..	**2,242**	**2,300**	**3,488**	**4,082**	**5,971**	**5,878**	**2,778**	**3,177**	**4,464**	**4,823**	**6,266**	**7,159**	**10,435**	**10,701**
Imad Hiswa and Little Aden ..	205	262	362	461	459	834	320	370	412	632	682	831	871	1,466
Aden Settlement Civil limits Total.	**5,328**	**5,373**	**23,916**	**26,692**	**28,431**	**29,392**	**11,936**	**13,833**	**16,454**	**18,141**	**35,852**	**40,525**	**44,885**	**47,533**
‡IN CANTONMENT AND MILITARY LIMITS.														
Tawahi and St. Point ..	311	358	1,633	1,283	1,370	959	383	305	358	345	2,116	1,588	1,728	1,304
Crater, Isthmus and Maalla ..	524	..	1,675	1,863	2,393	..	401	290	726	..	2,076	2,153	3,119	..
Fortress Total ..	**835**	**358**	**3,308**	**3,146**	**3,763**	**959**	**784**	**595**	**1,084**	**345**	**4,192**	**3,741**	**4,847**	**1,304**
Khor Maksar ..	132	111	117	262	591	568	134	150	94	109	151	412	685	677
Sh. Othman ..	236	..	..	29	2,545	..	..	..	70	..	..	29	2,615	..
Adèn Settlement Cantonment and Military Total ..	**1,203**	**111**	**3,425**	**3,437**	**6,899**	**1,527**	**918**	**745**	**1,248**	**454**	**4,343**	**4,182**	**8,147**	**1,981**
Outside Settlement	..	..	..	..	1,388	..	..	..	5	..	..	..	1,393	..
Cantonment and Military Total ..	**1,203**	**§469**	**3,425**	**3,437**	**8,287**	**1,527**	**918**	**745**	**1,253**	**454**	**4,343**	**4,182**	**9,540**	**1,981**
Total in the Settlement of Aden ..	6,531	5,842	27,341	30,139	35,330	30,919	12,854	14,578	17,702	18,595	40,195	44,717	53,032	49,514
Perim ..	306	286	1,048	1,002	1,676	1,426	188	297	399	538	1,236	1,299	2,075	1,964
Grand Total of the whole population counted ..	**6,837**	**6,128**	**28,389**	**31,141**	**38,394**	**32,345**	**18,042**	**14,875**	**18,106**	**19,133**	**41,431**	**46,016**	**56,500**	**51,478**

* This number includes Daswin Bazar.

† In 1931 the Port was not divided into "Port on land" and "Port afloat".

‡ This includes Tawahi, Steamer Point and Isthmus.

§ In 1931 there were no Cantonments.

SPECIAL TABLE No. 2.

Section.	Population in 1901.	1911.	1921.	1931.
Houseless Crater	2,484	2,062	1,215	1,424
,, Maalla	306	809	506	324
,, Hedjuff	316	190	344	72
,, Tawahi	1,219	1,354	1,452	446
,, Total Fortress	4,325	4,415	3,577	2,266
,, Shaikh Othman	599	338	513	473
,, **Total**	**4,924**	**4,753**	**4,090**	**2,739**
	(The above are included in the figures that follow).			
Crater	17,524	19,851	20,428	21,383
Maalla	1,762	2,945	3,391	3,605
Tawahi and Steamer Point	6,702	7,168	8,030	7,502
Port	2,916	2,471	1,730	2,876
Total in Civil limits in the Fortress or Peninsula of Aden proper	**28,904**	**32,435**	**33,579**	**35,366**
Shaikh Othman	6,266	7,159	10,435	10,701
Imad Hiswa and Little Aden	682	831	871	1,466
Total in Civil limits in Aden Settlement	**35,852**	**40,425**	**44,885**	**47,533**
Cantonment and Military in the Fortress	4,192	3,741	4,847	*1,981
In Shaikh Othman and Khor Maksar	151	441	3,300	..
Total in the Fortress	**33,096**	**36,176**	**38,426**	**37,347**
Total in Shaikh Othman and Imad Hiswa and Little Aden	**7,099**	**8,431**	**14,606**	**12,167**
Total in the Settlement of Aden (omitting Perim)	**40,195**	**44,607**	**53,032**	**49,514**

*Note.—There was no Cantonment in Aden in 1931. This figure includes Military in Khor Maksar.

SPECIAL TABLE No. 3.

Section.	Percentage increase in population between 1901 and 1911	1911 and 1921	1921 and 1931
Houseless population (included in figures that follow)	− 4	− 14	− 33
Crater	+ 13	+ 2	+ 5
Maalla	+ 67	+ 15	+ 6
Tawahi and Steamer Point	+ 6	+ 12	− 7
Port	− 16	− 30	+ 66
Total in Civil limits in the Fortress or Peninsula of Aden proper	**+ 12**	**+ 3**	**+ 5**
Shaikh Othman	+ 14	+ 45	+ 3
Imad, Hiswa and Little Aden	+ 21	+ 4	+ 68
Total in Civil limits in Aden Settlement	**+ 18**	**+ 10**	**+ 6**
Cantonment and Military in Fortress	− 11	+ 29	− 59
,, ,, ,, ,, Shaikh Othman and Khor Maksar	+192	+648	..
Grand Total in Fortress	**+ 9**	**+ 6**	**− 3**
.. .. ,, **Shaikh Othman, Imad, Hiswa and Little Aden**	**+ 18**	**+ 73**	**− 17**
Grand Total in the Settlement of Aden (excluding Perim)	**+ 11**	**+ 18**	**− 7**

SETTLEMENT

Charges Nos.—

District—

Serial No. of charges.	Sections.	Numbers of occupied houses.	Total Population.			Hindus.		Muslims.	
			Males.	Females.	Total.	Males.	Females.	Males.	Females.
1	2	3	4	5	6	7	8	9	10
A	A, C & E	997	5,641	4,917	10,558	421	255	3,310	2,798
B	B, D & F	902	6,906	3,919	10,825	283	203	6,411	3,614
C	{ Maalla	286	2,191	1,414	3,605	13	8	2,166	1,397
	{ Tawahi	536	5,202	2,300	7,502	102	59	4,531	1,966
D	Shaikh Othman	2,362	6,712	5,455	12,167	24	13	6,463	5,260
E	Military	469	1,527	454	1,981	22	14	834	338
F	Port	..	2,740	136	2,876	147	10	1,992	16
G	Perim	286	1,426	538	1,964	9	2	1,246	496
	Grand Total ..	6,128	32,345	19,133	51,478	1,021	564	26,953	15,885

Circle No. 1—

Serial No. of Block.	Name of Revenue Village.	Numbers of occupied houses.	Total Population.			Hindus.		Muslims.	
			Males.	Females.	Total.	Males.	Females.	Males.	Females.
1	2	3	4	5	6	7	8	9	10
1	Crater, Section A	53	233	149	382	66	38	28	..
2	.. ..	48	326	304	630	47	33	20	3
3	.. ..	52	324	311	635	60	34	8	1
4	.. ..	46	387	346	733	110	77	109	87
5	.. ..	44	377	305	682	..	..	4	..
6	.. ..	52	331	193	524	66	30	149	80
7	.. ..	46	392	404	796	12	8	45	9
8	.. ..	48	313	164	477	30	16	261	122
9	.. ..	50	240	201	441	7	2	80	25
	Total, Section A ..	441	2,923	2,377	5,300	398	238	695	327
10	Crater, Section C	42	275	204	479	15	10	251	180
11	.. ..	53	327	295	622	..	..	321	290
12	.. ..	66	355	403	758	3	..	352	401
13	.. ..	62	338	304	642	..	..	338	304
14	.. ..	66	369	379	748	..	..	331	357
15	.. ..	9	186	183	369	..	..	181	183
16	.. ..	1	125	56	181	3	5	117	46
	Total, Section C ..	299	1,975	1,824	3,799	21	15	1,891	1,761
18	Crater, Section E	36	116	105	221	2	2	109	102
19	.. ..	41	124	106	230	..	..	119	106
20	.. ..	49	114	118	232	..	..	114	118
21	.. ..	42	101	94	195	..	..	101	94
22	.. ..	47	121	116	237	..	..	121	116
23	.. ..	42	167	177	344	..	..	160	174
	Total, Section E ..	257	743	716	1,459	2	2	724	710
	Grand Total ..	997	5,641	4,917	10,558	421	255	3,310	2,798

Circle No. 1—

Serial No. of Block.	Name of Revenue Village.	Numbers of occupied houses.	Males.	Females.	Total.	Hindus Males.	Hindus Females.	Muslims Males.	Muslims Females.
1	Crater, Section B	39	117	58	175	53	38	31	..
2	.. ..	37	170	49	219	7	3	137	26
3	.. ..	48	207	74	281	15	6	102	66
4	.. ..	33	136	100	236	14	19	105	72
5	.. ..	34	113	81	194	56	47	56	27
6	.. ..	37	385	225	610	41	22	229	194
7	.. ..	29	148	73	221	15	5	107	36
8	.. ..	7	94	41	135	4	..	81	40
	Total, Section B ..	264	1,370	701	2,071	206	142	1,040	461

ADEN.

A to G.

Aden.

Jains.		Parsees.		Christians.		Jews.		Sikhs.		Buddhists.		Remarks.
Males.	Females.	Males.	Females.	Males.	Females.	Males.	Females.	Males.	Females.	Males.	Females.	
11	12	13	14	15	16	17	18	19	20	21	22	23
28	14	70	28	66	30	1,746	1,792	..	..	..	..	
89	61	8	5	35	35	79	1	1	..	..	..	
..	..	5	3	6	6	1	..	..	..	..	..	
5	2	152	60	209	171	86	35	2	2	25	5	
2	..	2	..	19	4	202	178	..	..	..	..	
..	..	..	..	671	102	..	..	..	..	..	..	
..	..	8	1	321	107	..	1	1	..	71	1	
..	..	3	..	145	28	21	9	1	3	1	..	
124	77	248	97	1,782	483	2,135	2,016	5	5	97	6	

Charge No. A.

Jains.		Parsees.		Christians.		Jews.		Sikhs.		Buddhists.		Remarks.
Males.	Females.	Males.	Females.	Males.	Females.	Males.	Females.	Males.	Females.	Males.	Females.	
11	12	13	14	15	16	17	18	19	20	21	22	23
3	2	17	5	17	4	102	100	..	..	..	..	
14	5	..	..	1	1	244	262	..	..	..	..	
3	..	..	..	..	..	253	276	..	..	..	..	
..	..	..	..	2	1	175	181	..	..	..	..	
..	..	..	..	..	..	373	305	..	..	..	..	
8	7	..	..	1	4	107	72	..	..	..	..	
..	..	..	..	..	..	335	397	..	..	..	..	
..	..	..	..	4	2	18	24	..	..	..	..	
..	..	11	4	19	7	123	163	..	..	..	..	
28	14	28	9	44	19	1,730	1,770	..	..	..	..	
..	..	..	..	1	..	8	14	..	..	..	..	
..	..	3	2	..	..	2	1	..	..	..	..	
..	..	..	..	..	2	..	..	..	..	..	..	
..	..	..	..	..	..	..	..	..	..	..	..	
..	..	32	17	6	5	..	..	..	..	..	..	
..	..	5	..	..	..	..	..	..	..	..	..	
..	..	..	..	..	..	5	5	..	..	..	..	For Block No. 17 please see—Block No. 15—Charge B.
..	..	40	19	7	7	16	22	..	..	..	..	
..	..	..	..	5	1	..	..	..	..	..	..	
..	..	1	..	4	..	..	..	..	..	..	..	
..	..	..	..	..	..	..	..	..	..	..	..	
..	..	..	..	..	..	..	..	..	..	..	..	
..	..	..	..	..	..	..	..	..	..	..	..	
..	..	1	..	6	3	..	..	..	..	..	..	
..	..	2	..	15	4	..	..	..	..	..	..	
28	14	70	28	66	30	1,746	1,792	..	..	..	..	

Charge No. B.

11	12	13	14	15	16	17	18	19	20	21	22	23
29	19	..	..	1	1	..	..	..	..	..	..	
26	20	..	..	..	..	..	..	..	..	..	..	
..	..	..	..	..	..	..	..	..	..	..	..	
17	9	..	..	..	..	..	..	..	..	..	..	
2	7	..	..	..	..	..	..	..	..	..	..	
7	4	3	2	5	3	..	..	..	..	..	..	
4	2	..	..	19	30	3	..	..	..	..	..	
..	..	..	..	7	1	2	..	..	..	..	..	
85	61	3	2	32	35	5	..	..	..	..	..	

Circle No. 1—

Serial No. of Block.	Name of Revenue Village.	Numbers of occupied houses.	Total Population.			Hindus.		Muslims.	
			Males.	Females.	Total.	Males.	Females.	Males.	Females.
1	2	3	4	5	6	7	8	9	10
9	Crater, Section D	43	221	34	255	10	1	207	33
10	.. ..	50	241	144	385	..	..	241	144
11	.. ..	51	310	202	512	..	..	310	202
12	.. ..	50	278	201	479	..	..	278	201
13	.. ..	64	349	240	589	..	..	349	240
14	.. ..	17	284	272	556	..	..	284	272
15 and 17*	.. ..	13	136	117	253	..	..	136	117
	Total, Section D ..	288	1,819	1,210	3,029	10	1	1,805	1,209
16	Crater, Section F	52	304	213	517	23	18	276	192
17	.. ..	50	231	241	472	1	1	230	240
18	.. ..	74	485	411	896	4	4	481	407
19	.. ..	50	177	174	351	..	..	177	174
20	.. ..	67	233	230	463	4	..	229	230
21	.. ..	51	180	199	379	..	..	180	199
22	.. ..	54	179	194	373	10	11	166	182
23	.. ..	41	349	300	649	22	26	324	274
24	.. ..	1	159	42	201	..	..	158	42
	Total, Section F ..	440	2,297	2,004	4,301	64	60	2,221	1,940
25	Crater, Houseless	..	1,420	4	1,424	4	..	1,345	4
	Grand Total ..	992	6,906	3,919	10,825	283	203	6,411	3,614

Circle No. 1—

Serial No. of Block.	Name of Revenue Village.	Numbers of occupied houses.	Total Population.			Hindus.		Muslims.	
			Males.	Females.	Total.	Males.	Females.	Males.	Females.
1	Maalla	52	322	257	579	8	7	314	250
2	.. ..	63	330	327	657	4	1	326	326
3	.. ..	66	507	435	942	..	..	506	435
4	.. ..	53	394	252	646	..	..	387	247
5	.. ..	17	140	51	191	1	..	139	51
6	.. ..	24	117	49	166	..	..	113	45
7	.. ..	10	53	42	95	..	..	53	42
8	.. ..	1	5	..	5	..	..	5	..
9	Maalla Houseless	..	293	..	293	..	..	293	..
11	Barrier Gate Houseless	..	30	1	31	..	..	30	1
	Grand Total ..	286	2,191	1,414	3,605	13	8	2,166	1,397

Circle No. 2—

Serial No. of Block.	Name of Revenue Village.	Numbers of occupied houses.	Total Population.			Hindus.		Muslims.	
			Males.	Females.	Total.	Males.	Females.	Males.	Females.
12	Tawahi	73	609	242	851	19	7	350	91
13	.. ..	57	728	242	970	28	15	637	224
14	.. ..	68	585	393	978	3	..	558	391
15	.. ..	56	457	214	671	8	3	412	205
16	.. ..	101	841	544	1,385	3	5	826	527
17	.. ..	41	212	104	316	10	6	114	64
18	.. ..	52	310	216	526	14	10	262	170
19	.. ..	31	317	66	383	4	..	295	62
20	.. ..	38	341	84	425	8	9	268	53
21	.. ..	1	27	15	42	1	1	22	14
22	.. ..	17	220	161	381	..	..	211	157
23	.. ..	1	37	19	56	4	3	30	8
24	Tawahi Houseless	..	446	..	446	..	..	444	..
10	Hedjuff Houseless	..	72	..	72	..	..	72	..
	Grand Total ..	536	5,202	2,300	7,502	102	50	4,531	1,966

Circle No. 1—

Serial No. of Block.	Name of Revenue Village.	Numbers of occupied houses.	Total Population.			Hindus.		Muslims.	
			Males.	Females.	Total.	Males.	Females.	Males.	Females.
1	Shaikh Othman, Section A	104	275	265	540	..	..	185	197
2	.. ..	98	215	212	427	..	..	182	173
3	.. ..	103	203	222	425	..	..	197	221
4	.. ..	97	157	153	310	..	..	135	122
5	.. ..	82	197	158	355	..	..	196	156
	Total, Section A ..	486	1,047	1,010	2,057	..	..	895	871

Charge No. B—contd.

Jains.		Parsees.		Christians.		Jews.		Sikhs.		Buddhists.		Remarks.
Males.	Females.	Males.	Females.	Males.	Females.	Males.	Females.	Males.	Females.	Males.	Females.	
11	12	13	14	15	16	17	18	19	20	21	22	23
4	..	..	..	..	..	..	..	..	..	..	..	
..	..	..	..	..	..	..	..	..	..	..	..	
..	..	..	..	..	..	..	..	..	..	..	..	
..	..	..	..	..	..	..	..	..	..	..	..	
..	..	..	..	..	..	..	..	..	..	..	..	
..	..	..	..	..	..	..	..	..	..	..	..	
..	..	..	..	..	..	..	..	..	..	..	..	* Charge A—Block No. 17—Section C.
4	..	..	..	..	..	..	..	..	..	..	..	
..	..	4	3	1	..	..	..	..	..	..	..	
..	..	..	..	..	..	..	..	..	..	..	..	
..	..	..	..	..	..	..	..	..	..	..	..	
..	..	..	..	..	..	..	..	..	..	..	..	
..	..	..	..	..	..	..	..	..	..	..	..	
..	..	..	..	..	..	..	..	..	..	..	..	
..	..	..	..	..	..	3	1	..	..	..	..	
..	..	1	..	2	..	..	..	..	..	..	..	
..	..	..	..	..	..	..	..	1	..	..	..	
..	..	5	3	3	..	3	1	1	..	..	..	
..	..	..	..	..	..	71	..	..	..	..	..	
89	61	8	5	35	35	79	1	1	..	..	..	

Charge No. C.

Jains M.	Jains F.	Parsees M.	Parsees F.	Christians M.	Christians F.	Jews M.	Jews F.	Sikhs M.	Sikhs F.	Buddhists M.	Buddhists F.	Remarks
..	..	..	..	..	..	..	..	..	..	..	..	
..	..	..	..	..	..	..	..	..	..	..	..	
..	..	..	..	..	..	1	..	..	..	..	..	
..	..	4	2	3	3	..	..	..	..	..	..	
..	..	..	..	..	..	..	..	..	..	..	..	
..	..	1	1	3	3	..	..	..	..	..	..	
..	..	..	..	..	..	..	..	..	..	..	..	
..	..	..	..	..	..	..	..	..	..	..	..	
..	..	..	..	..	..	..	..	..	..	..	..	
..	..	..	..	..	..	..	..	..	..	..	..	
..	..	5	3	6	6	1	..	..	..	..	..	

Charge No. C.

Jains M.	Jains F.	Parsees M.	Parsees F.	Christians M.	Christians F.	Jews M.	Jews F.	Sikhs M.	Sikhs F.	Buddhists M.	Buddhists F.	Remarks
4	2	61	30	131	86	36	26	..	..	3	..	
..	..	60	1	8	2	..	..	..	..	..	..	
..	..	3	1	3	..	18	1	..	..	..	..	
..	..	2	4	2	..	1	1	..	..	2	1	
..	..	8	10	2	..	1	2	..	..	1	..	
1	..	10	7	40	20	28	5	..	..	9	2	
..	..	3	7	29	27	..	..	2	2	..	..	
..	..	2	..	16	4	..	..	..	..	..	..	
..	..	..	..	57	20	..	..	..	..	8	2	
..	..	..	..	4	..	..	..	..	..	..	..	
..	..	..	..	9	4	..	..	..	..	..	..	
..	..	..	..	3	8	..	..	..	..	..	..	
..	..	..	..	..	..	2	..	..	..	..	..	
..	..	..	..	..	..	..	..	..	..	..	..	
5	2	152	60	299	171	86	35	2	2	25	5	

Charge No. D.

Jains M.	Jains F.	Parsees M.	Parsees F.	Christians M.	Christians F.	Jews M.	Jews F.	Sikhs M.	Sikhs F.	Buddhists M.	Buddhists F.	Remarks
..	..	..	..	..	..	90	78	..	..	..	..	
..	..	..	..	..	..	33	39	..	..	..	..	
..	..	..	..	..	..	6	1	..	..	..	..	
..	..	..	..	..	..	22	21	..	..	..	..	
..	..	..	..	..	..	1	..	..	..	..	..	
..	..	..	..	..	..	152	139	..	..	..	..	

Circle No. 1—

Serial No. of Block.	Name of Revenue Village.	Numbers of occupied houses.	Total Population.			Hindus.		Muslims.	
			Males.	Females.	Total.	Males.	Females.	Males.	Females.
1	2	3	4	5	6	7	8	9	10
6	Shaikh Othman, Section B	109	354	375	729	..	..	354	375
7	.. ..	146	347	307	654	..	..	347	307
8	.. ..	130	291	240	531	..	..	291	240
9	.. ..	86	175	196	371	..	..	175	196
10	.. ..	86	170	165	335	..	..	170	165
11	.. ..	89	147	185	332	..	..	147	185
12	.. ..	104	214	179	393	..	..	214	179
13	.. ..	78	108	135	243	..	..	108	135
14	.. ..	19	23	23	46	..	..	23	23
15*	.. ..	59	90	85	175	..	..	89	85
	Total, Section B ..	**906**	**1,919**	**1,890**	**3,809**	..	..	**1,918**	**1,890**
16	Shaikh Othman, Section C	86	202	206	408	..	..	202	206
17	.. ..	104	231	245	476	..	..	231	245
18	.. ..	83	164	150	314	..	..	164	150
19	.. ..	81	156	144	300	..	..	137	122
20	.. ..	2	35	10	45	3	3	32	7
	Total, Section C ..	**356**	**788**	**755**	**1,543**	**3**	**3**	**766**	**730**
21	Shaikh Othman, Section D	85	272	98	370	2	2	268	96
22	.. ..	79	199	94	293	5	6	190	88
23	.. ..	89	260	163	423	1	..	259	163
24	.. ..	93	255	194	449	..	..	255	194
25	.. ..	102	265	251	516	..	..	260	244
	Total, Section D ..	**448**	**1,251**	**800**	**2,051**	**8**	**8**	**1,232**	**783**
26	Shaikh Othman, Section E	51	113	98	211	..	..	90	92
27	.. ..	42	122	130	252	..	..	122	130
28	.. ..	11	235	70	305	10	2	201	62
	Total, Section E ..	**104**	**470**	**298**	**768**	**10**	**2**	**432**	**284**
29	Shaikh Othman, Houseless	..	403	70	473	..	..	401	70
30	Imad	40	93	79	172	..	..	93	79
31	Hiswa	64	154	142	296	..	..	153	142
32	Little Aden	158	587	411	998	3	..	568	411
	Grand Total ..	**2,563**	**6,712**	**5,455**	**12,167**	**24**	**13**	**6,463**	**5,260**

Circle No. 1—

Serial No. of Block.	Name of Revenue Village.	Numbers of occupied houses.	Males.	Females.	Total.	Hindus Males.	Hindus Females.	Muslims Males.	Muslims Females.
1	Steamer Point	50	123	38	161	..	..	75	38
2	.. ..	21	133	21	154	..	..	16	13
3	.. ..	31	52	29	81	1	..	45	22
4	.. ..	31	83	28	111	2	..	47	18
5	.. ..	43	82	24	106	..	..	49	16
6	.. ..	39	58	27	85	4	4	35	17
7	.. ..	48	89	63	152	2	3	87	60
8	.. ..	47	238	40	278	6	..	44	27
9	.. ..	23	61	42	103	..	..	..	..
10	.. ..	25	40	33	73	..	..	37	27
11	.. ..	27	276	3	279	..	..	116	3
12	.. ..	23	45	36	81	2	2	42	33
13	.. ..	61	247	70	317	5	5	241	64
	Total ..	**469**	**1,527**	**454**	**1,981**	**22**	**14**	**834**	**338**

Circle No. 1—

Serial No. of Block.	Name of Revenue Village.	Numbers of occupied houses.	Males.	Females.	Total.	Hindus Males.	Hindus Females.	Muslims Males.	Muslims Females.
1	Port and Seagoing	..	170	..	170	..	..	169	..
2	.. ..	..	650	..	650	..	..	630	..
3	.. ..	..	129	..	129	23	..	101	..
4	.. ..	..	1,791	136	1,927	124	10	1,072	16
	Grand Total ..	..	**2,740**	**136**	**2,876**	**147**	**10**	**1,972**	**16**

Circle No. 1—

Serial No. of Block.	Name of Revenue Village.	Numbers of occupied houses.	Males.	Females.	Total.	Hindus Males.	Hindus Females.	Muslims Males.	Muslims Females.
1	Perim	50	273	105	378	2	2	227	81
2	.. ..	98	569	151	720	2	..	564	151
3	.. ..	46	104	79	183	..	..	104	79
4	.. ..	67	154	151	305	..	..	134	151
5	.. ..	23	79	35	114	..	..	78	34
6	Seagoing Vessels	..	247	17	264	5	..	119	..
	Grand Total ..	**286**	**1,456**	**538**	**1,964**	**9**	**2**	**1,246**	**496**

Charge No. D—contd.

Jains.		Parsees.		Christians.		Jews.		Sikhs.		Buddhists.		Remarks.
Males.	Females.	Males.	Females.	Males.	Females.	Males.	Females.	Males.	Females.	Males.	Females.	
11	12	13	14	15	16	17	18	19	20	21	22	23
..	..	..	..	..	..	..	..	..	..	..	..	
..	..	..	..	..	..	..	..	..	..	..	..	
..	..	..	..	..	..	..	..	..	..	..	..	
..	..	..	..	..	..	..	..	..	..	..	..	
..	..	..	..	..	..	..	..	..	..	..	..	
..	..	..	..	..	..	..	..	..	..	..	..	
..	..	..	..	..	..	..	..	..	..	..	..	
..	..	..	..	..	..	..	..	..	..	..	..	
..	..	..	..	..	..	..	..	..	..	..	..	
..	..	..	..	1	..	..	..	..	..	..	..	
..	..	..	..	1	..	..	..	..	..	..	..	*Police—Includes Portion living in Section C, Shaikh Othman.
..	..	..	..	..	..	..	..	..	..	..	..	
..	..	..	..	..	..	..	..	..	..	..	..	
..	..	..	..	..	..	..	..	..	..	..	..	
..	..	..	..	..	..	19	22	..	..	..	..	
..	..	..	..	..	..	..	..	..	..	..	..	
..	..	..	..	..	..	19	22	..	..	..	..	
2	..	..	..	..	..	..	..	..	..	..	..	
..	..	..	..	..	..	4	2	..	..	..	..	
..	..	..	..	..	..	..	..	..	..	..	..	
..	..	..	..	..	..	..	..	..	..	..	..	
..	..	1	..	..	..	4	7	..	..	..	..	
2	..	1	..	..	..	8	9	..	..	..	..	
..	..	..	..	..	..	14	6	..	..	..	..	
..	..	..	..	..	..	..	..	..	..	..	..	
..	..	..	..	17	4	7	2	..	..	..	..	
..	..	..	..	17	4	21	8	..	..	..	..	
..	..	..	..	..	..	2	..	..	..	..	..	
..	..	..	..	..	..	..	..	..	..	..	..	
..	..	..	..	1	..	..	..	..	..	..	..	
..	..	1	..	..	..	..	..	..	..	..	..	
2	..	2	..	19	4	202	178	..	..	..	..	

Charge No. E (Military Limits).

11	12	13	14	15	16	17	18	19	20	21	22	23
..	..	..	..	15	..	..	..	..	..	..	..	
..	..	..	..	117	8	..	..	..	..	..	..	
..	..	..	..	6	7	..	..	..	..	..	..	
..	..	..	..	34	10	..	..	..	..	..	..	
..	..	..	..	33	8	..	..	..	..	..	..	
..	..	..	..	19	6	..	..	..	..	..	..	
..	..	..	..	..	..	..	..	..	..	..	..	
..	..	..	..	188	11	..	..	..	..	..	..	
..	..	..	..	61	42	..	..	..	..	..	..	
..	..	..	..	3	6	..	..	..	..	..	..	
..	..	..	..	100	..	..	..	..	..	..	..	
..	..	..	..	1	1	..	..	..	..	..	..	
..	..	..	..	1	1	..	..	..	..	..	..	
..	..	..	..	671	102	..	..	..	..	..	..	

Charge No. F (Part Limits).

11	12	13	14	15	16	17	18	19	20	21	22	23
..	..	1	..	..	..	..	..	..	..	..	..	
..	..	..	..	..	..	..	..	..	..	..	..	
..	..	2	..	3	..	..	..	..	..	..	..	
..	..	5	1	518	107	..	1	1	..	71	1	
..	..	8	1	521	107	..	1	1	..	71	1	

Charge No. G (Perim).

11	12	13	14	15	16	17	18	19	20	21	22	23
..	..	3	..	22	10	19	9	1	3	..	..	
..	..	..	..	..	..	2	..	..	..	..	..	
..	..	..	..	..	..	..	..	..	..	..	..	
..	..	..	..	..	..	..	..	..	..	..	..	
..	..	..	..	1	1	..	..	..	..	..	..	
..	..	..	..	122	17	..	..	..	..	1	..	
..	..	3	..	145	28	21	9	1	3	1	..	

SUMMARY OF ADEN

Name of Section.	No. of occupied houses.	Registered.	Un-registered.	Europeans.		Arabs.		Somalis.	
				Males.	Females.	Males.	Females.	Males.	Females.
Section A	441	4,792	508	43	19	675	309	14	15
„ B	264	1,903	168	1	1	616	194	41	16
„ C	299	3,423	376	..	..	1,643	1,452	133	217
„ D	288	2,547	482	..	..	1,506	936	147	146
„ E	257	1,419	40	15	4	385	309	65	122
„ F including Daswin Bazar	440	4,039	262	..	..	1,104	840	232	249
Crater Houseless	..	..	1,424	..	..	1,230	4	94	..
Total of Crater, etc. ..	1,989	18,123	3,260	59	24	7,159	4,044	726	765
Maalla	286	2,186	1,095	..	..	1,390	721	224	444
„ Houseless	..	4	289	..	..	250	..	43	..
B. Gate Houseless	..	..	31	..	..	30	..	..	1
Total of Maalla, etc. ..	286	2,190	1,415	..	..	1,670	721	267	445
Hedjuff Houseless	..	..	72	..	..	71	..	1	..
Tawahi and St. Point	536	4,973	2,011	136	11	3,118	1,190	374	378
Tawahi Houseless	..	..	446	..	..	373	..	71	..
Total of Tawahi, etc. ..	536	4,973	2,529	136	11	3,562	1,190	446	378
SHAIKH OTHMAN.									
Section A	486	1,248	509	..	..	850	829	9	22
„ B	906	2,790	1,019	..	..	1,782	1,688	72	150
„ C	356	1,034	509	..	..	713	686	4	7
„ D	448	1,239	812	..	..	1,166	743	16	8
„ E	104	374	394	17	4	379	261	3	3
S. O. Houseless	..	.	473	..	..	393	70	6	..
Total of S. O., etc. ..	2,300	6,685	4,016	17	4	5,283	4,277	110	190
Imad	40	..	172	..	..	93	79	..	..
Hiswa	64	..	296	1	..	153	142	..	..
Little Aden	158	..	998	..	..	575	409	7	2
Total of Imad, etc. ..	262	..	1,466	1	..	821	630	7	2
Military	469	1,766	215	..	..	521	200	294	131
Perim	286	1,550	150	16	7	834	391	215	70
GRAND TOTAL ..	6,128	35,287	13,051	229	46	19,850	11,453	2,065	1,981

N.B.—In this statement the population of the

TABLE No. IV.

SETTLEMENT CENSUS OF 1931.

INDIANS.						Jews.		Military.		Miscellaneous Anglo-Indians, Chinese, Native Christians, etc.		TOTAL.		TOTAL POPULATION.
Muslims.		Hindus, Sikhs, Buddhists, Jains, etc.		Parsees.										
Males.	Females.	Males.	Females.	Males.	Females.	Males.	Females.	Males.	Females.	Males.	Females.	Males.	Females.	
6	3	426	252	26	9	1,730	1,770	..	..	1	..	2,923	2,377	5,300
363	251	296	203	3	2	5	..	..	..	31	34	1,370	701	2,071
115	92	21	15	40	19	16	22	..	..	7	7	1,975	1,824	3,799
152	127	14	1	..	..	..	..	..	..	..	..	1,819	1,210	3,029
274	279	2	2	2	..	..	..	..	..	..	..	743	716	1,459
886	851	65	60	5	3	3	1	..	..	3	..	2,297	2,004	4,301
21	..	4	..	..	..	71	..	..	..	..	..	1,420	4	1,424
1,836	**1,603**	**832**	**533**	**78**	**33**	**1,835**	**1,793**	..	..	**42**	**41**	**12,547**	**8,836**	**21,383**
229	231	13	8	5	3	1	..	..	..	6	6	1,868	1,413	3,281
..	..	..	..	..	..	..	..	..	..	..	..	293	..	293
..	..	..	..	..	..	..	..	..	..	..	..	30	1	31
229	**231**	**13**	**8**	**5**	**3**	**1**	..	..	..	**6**	**6**	**2,191**	**1,414**	**3,605**
..	..	..	..	..	..	..	..	..	..	..	..	72	..	72
323	298	134	68	152	60	84	35	..	..	163	160	4,654	2,300	6,984
..	..	..	..	..	..	2	..	..	..	..	..	446	..	446
523	**296**	**134**	**68**	**152**	**60**	**96**	**35**	..	..	**163**	**160**	**5,208**	**2,300**	**7,508**
36	20	..	..	..	..	152	139	..	..	..	..	1,047	1,010	2,057
64	52	..	..	..	..	..	..	..	..	1	..	1,919	1,890	3,809
49	37	3	3	..	..	19	22	..	..	..	..	788	755	1,543
50	32	10	8	1		8	9	..	..	..	..	1,251	800	2,051
40	20	10	2	..		21	8	..	..	..	..	470	298	768
2	..	..	..	..	..	2	..	..	..	..	..	402	70	473
241	**161**	**23**	**13**	**1**		**208**	**178**	..	..	**1**	..	**5,878**	**4,832**	**10,701**
..	..	..	..	..	..	..	..	..	..	..	..	93	79	172
..	..	..	..	..	..	..		..	..	..	..	154	142	296
1	..	1	..	1	..	..		..	..	..	..	587	411	998
1	..	**2**	..	**1**	..	..	..	..	..	..	..	**834**	**632**	**1,466**
19	7	22	14	..		..	..	671	102	..	..	1,527	434	1,961
78	55	6	5	3		21	9	..	..	6	4	1,179	521	1,700
2,927	**2,435**	**1,023**	**641**	**240**	**96**	**2,135**	**2,015**	**671**	**102**	**218**	**211**	**30,356**	**18,900**	**48,336**

		Males	—	Females
Indians	..	4,190	—	3,172
		7,362		

Ports of Aden and Perim is not included.

IMPERIAL TABLE I.

Area, Houses and Population.

District or State.	Area in square miles.	Towns.	Villages.	Occupied Houses: Total.	Occupied Houses: In Towns.	Occupied Houses: In villages.	Population: Persons: Total.	Persons: Urban.	Persons: Rural.	Males: Total.	Males: Urban.	Males: Rural.	Females: Total.	Females: Urban.	Females: Rural.
Aden ..	80	Aden ..	..	3,280	3,280	..	37,347	37,347	..	24,207	24,207	..	13,140	13,140	..
		Shaikh Othman	..	2,562	2,562	..	12,167	12,167	..	6,712	6,712	..	5,455	5,455	..
		Perim Island.	..	286	286	..	1,964	1,964	..	1,426	1,426	..	538	538	..
		Grand Total ..	..	6,128	6,128	..	51,478	51,478	..	32,345	32,345	..	19,133	19,133	..

Note.—Aden Cantonment was abolished in 1929.

IMPERIAL TABLE II.

Variation in Population During Last Fifty Years.

District or State.	Persons. 1931	1921	1911	1901	1891	1881	Variation increase (+) decrease (—). 1921 to 1931	1911 to 1921	1901 to 1911	1891 to 1901	1881 to 1891	Net variation in period 1881—1931 increase (+) decrease (—)
Aden ..	51,478	56,500	46,165	43,974	44,079	34,860	—5,022	+10,335	+2,191	—105	+9,219	+16,618

District or State.	Males. 1931	1921	1911	1901	1891	1881	Females. 1931	1921	1911	1901	1891	1881
Aden	32,345	38,394	31,290	30,580	30,914	22,735	19,133	18,106	14,875	13,444	13,165	12,125

IMPERIAL TABLE III.

Cities, Towns and Villages classified by Population.

District or State.	Total number of inhabited towns and villages.	Population.	Under 500: Number.	Under 500: Population.	500–1,000: Number.	500–1,000: Population.	1,000–2,000: Number.	1,000–2,000: Population.	2,000–5,000: Number.	2,000–5,000: Population.	5,000–10,000: Number.	5,000–10,000: Population.	10,000–20,000: Number.	10,000–20,000: Population.	20,000–50,000: Number.	20,000–50,000: Population.	50,000–100,000: Number.	50,000–100,000: Population.	100,000 and over: Number.	100,000 and over: Population.	Encampments, Boat and Railway Population unclassed.
Aden ..	3	51,478	..	..	..	..	1	1,964	..	..	..	..	1	12,167	1	37,347	..	..	..	..	Nil.

ADEN.

Birth Place.

Birth Place.	Population. Persons.	Males.	Females.
Total Population	**51,478**	**32,345**	**19,133**
A. Total Born in India	**29,444**	**15,566**	**13,878**
I. Total Born in Aden	**25,385**	**12,397**	**12,988**
II. Total Born in Bombay Presidency	**1,021**	**790**	**231**
(i) British Territory	994	770	224
(ii) Bombay States	27	20	7
III. Born in Western India States Agency	**862**	**533**	**329**
IV. Total Born in other Provinces and States in India and India Unspecified.	**2,176**	**1,846**	**330**
1. Ajmer Merwara	9	9	....
2. Assam	144	141	3
3. Baluchistan	1	1	....
4. Bengal	635	625	10
5. Bihar and Orissa	4	4	....
6. Burma	19	14	5
7. Central Provinces and Berar	14	14	....
8. Delhi	3	3	....
9. Madras	52	42	10
10. North West Frontier Province	24	24	....
11. Punjab	247	210	37
12. United Provinces	152	100	52
13. Baroda	103	90	13
14. Gwalior	1	1	....
15. Hyderabad	9	8	1
16. Jammu and Kashmir	5	5	....
17. Mysore	21	18	3
18. Rajputana	13	12	1
19. India Unspecified	484	350	134
20. French and Portugal Settlements in India	236	175	61
B. Born in Asia	**17,301**	**13,527**	**3,774**
I. Within British Dominions	**20**	**16**	**4**
(i) Ceylon	17	16	1
(ii) Straits Settlements and Malaya	3	....	3
II. Outside British Dominions	**17,281**	**13,511**	**3,770**
(i) Afghanistan	5	4	1
(ii) China	54	47	7
(iii) Arabia	17,222	13,460	3,762
C. Born in Europe	**1,593**	**1,362**	**231**
(i) United Kingdom and Ireland	1,260	1,069	191
(ii) Continental Europe	331	293	38
(iii) Europe Unspecified	2	....	2
D. Born in Africa	**3,079**	**1,860**	**1,219**
I. Within British Dominions	**550**	**241**	**309**
(i) Cape Colony	14	10	4
(ii) Mauritius	1	1	....
(iii) Transval	1	1	....
(iv) Uganda	1	1	....
(v) Zanzibar	7	4	3
(vi) Berbera	526	224	302
II. Outside British Dominions i.e. Mozambiques	**2,518**	**1,614**	**904**
III. Africa Unspecified	**11**	**5**	**6**
E. Born in America	**56**	**29**	**27**
I. Within British Dominions	**53**	**28**	**25**
(i) British Guiana	19	9	10
(ii) Elsewhere	34	19	15
II. Outside British Dominions (United States)	**3**	**1**	**2**
F. Born in Australasia (Australia)	**5**	**1**	**4**

ADEN.

AGE, SEX AND CIVIL CONDITION.

A—All Religions.

Age.	Population.			Unmarried.			Married.			Widowed.		
	Persons.	Males.	Females.	Persons.	Males.	Females.	Persons.	Males.	Females.	Persons.	Males.	Females.
1	2	3	4	5	6	7	8	9	10	11	12	13
0—1 ..	542	291	251	542	291	251	..	..	..	..	..	..
1—2 ..	898	464	434	898	464	434	..	..	..	..	..	..
2—3 ..	895	458	437	895	458	437	..	..	..	..	..	..
3—4 ..	936	475	461	935	475	460	1	..	1	..	..	..
4—5 ..	901	448	453	901	448	453	..	..	..	..	..	..
Total 0—5 ..	4,172	2,136	2,036	4,171	2,136	2,035	1	..	1	..	..	..
5—10 ..	4,848	2,593	2,255	4,828	2,583	2,245	17	8	9	3	2	1
10—15 ..	4,456	2,875	1,581	4,285	2,796	1,489	165	79	86	6	..	6
15—20 ..	4,876	3,007	1,869	3,593	2,582	1,011	1,226	421	805	57	4	53
20—25 ..	6,464	4,162	2,302	3,257	2,742	515	3,039	1,385	1,654	168	35	133
25—30 ..	6,869	4,591	2,278	2,251	1,903	348	4,329	2,591	1,738	289	97	192
30—35 ..	5,781	3,902	1,879	1,181	974	207	4,259	2,854	1,405	341	74	267
35—40 ..	4,440	3,101	1,339	614	516	98	3,477	2,492	985	349	93	256
40—45 ..	3,526	2,328	1,198	393	299	96	2,641	1,938	703	490	91	399
45—50 ..	2,154	1,419	735	187	141	46	1,542	1,205	337	425	73	352
50—55 ..	1,824	1,088	736	137	94	43	1,145	911	234	542	83	459
55—60 ..	664	394	270	38	23	15	400	342	58	226	29	197
60—65 ..	813	451	362	75	46	29	419	356	63	319	49	270
65—70 ..	199	94	105	10	6	4	92	80	12	97	8	89
70 and over ..	370	184	186	23	18	5	150	127	23	197	39	158
Age not returned ..	22	20	2	15	15	..	5	5	..	2	..	2
Total ..	51,678	32,545	19,133	26,060	16,874	8,186	22,807	14,794	8,113	3,511	877	2,634

B—Hindu.

Age.	Population.			Unmarried.			Married.			Widowed.		
	Persons.	Males.	Females.	Persons.	Males.	Females.	Persons.	Males.	Females.	Persons.	Males.	Females.
0—1 ..	27	14	13	27	14	13	..	..	..	..	..	..
1—2 ..	54	32	22	54	32	22	..	..	..	..	..	..
2—3 ..	33	16	17	33	16	17	..	..	..	..	..	..
3—4 ..	58	32	26	58	32	26	..	..	..	..	..	..
4—5 ..	24	7	17	24	7	17	..	..	..	..	..	..
Total 0—5 ..	196	101	95	196	101	95	..	..	..	..	..	..
5—10 ..	189	87	102	184	85	99	4	2	2	1	..	1
10—15 ..	122	77	45	111	71	40	11	6	5	..	..	..
15—20 ..	133	78	55	52	47	5	80	31	49	1	..	1
20—25 ..	225	140	85	52	46	6	168	92	76	5	2	3
25—30 ..	173	116	57	27	21	6	144	94	50	2	1	1
30—35 ..	165	120	45	11	10	1	148	108	40	6	2	4
35—40 ..	118	92	26	5	4	1	109	87	22	4	1	3
40—45 ..	119	93	26	5	3	2	105	82	23	9	8	1
45—50 ..	51	43	8	..	..	..	45	41	4	6	2	4
50—55 ..	55	45	10	2	1	1	45	41	4	8	3	5
55—60 ..	15	14	1	1	..	1	10	10	..	4	4	..
60—65 ..	12	11	1	1	1	..	9	8	1	2	2	..
65—70 ..	6	3	3	..	..	..	3	3	..	3	..	3
70 and over ..	4	1	3	..	..	..	2	1	1	2	..	2
Age not returned ..	2	..	2	..	..	..	..	..	..	2	..	2
Total ..	1,585	1,021	564	647	380	267	883	606	277	55	25	30

C—Muslim.

Age.	Population.			Unmarried.			Married.			Widowed.		
	Persons.	Males.	Females.	Persons.	Males.	Females.	Persons.	Males.	Females.	Persons.	Males.	Females.
1	2	3	4	5	6	7	8	9	10	11	12	13
0—1 ..	415	220	195	415	220	195	..	..	..	..	..	..
1—2 ..	694	365	329	694	365	329	..	..	..	..	..	..
2—3 ..	708	366	342	708	366	342	..	..	..	..	..	..
3—4 ..	726	375	351	725	375	350	1	..	1	..	..	..
4—5 ..	715	360	355	715	360	355	..	..	..	..	..	..
Total 0—5 ..	3,258	1,686	1,572	3,257	1,686	1,571	1	..	1	..	..	..
5—10 ..	3,960	2,133	1,827	3,948	2,128	1,820	11	4	7	1	1	..
10—15 ..	3,762	2,501	1,261	3,620	2,436	1,184	136	65	71	6	..	6
15—20 ..	4,124	2,593	1,531	3,021	2,225	796	1,048	364	684	55	4	51
20—25 ..	5,284	3,335	1,949	2,517	2,117	400	2,609	1,186	1,423	158	32	126
25—30 ..	5,892	3,927	1,965	1,861	1,563	298	3,758	2,276	1,482	273	88	185
30—35 ..	4,915	3,342	1,573	992	830	162	3,613	2,449	1,164	310	63	247
35—40 ..	3,785	2,658	1,127	531	445	86	2,932	2,123	809	322	90	232
40—45 ..	2,868	1,881	987	321	245	76	2,108	1,565	543	439	71	368
45—50 ..	1,779	1,139	640	149	112	37	1,236	964	272	394	63	331
50—55 ..	1,478	852	626	114	80	34	885	704	181	479	68	411
55—60 ..	564	318	246	33	21	12	327	279	48	204	18	186
60—65 ..	675	358	317	63	40	23	324	276	48	288	42	246
65—70 ..	169	75	94	8	6	2	74	64	10	87	5	82
70 and over ..	325	155	170	20	16	4	120	101	19	185	38	147
Age not returned ..	..	..	..	..	..	..	..	..	..	..	..	..
Total ..	42,838	26,953	15,885	20,455	13,950	6,505	19,182	12,420	6,762	3,201	583	2,618

D—Jain.

Age.	Population.			Unmarried.			Married.			Widowed.		
	Persons.	Males.	Females.	Persons.	Males.	Females.	Persons.	Males.	Females.	Persons.	Males.	Females.
0—1 ..	7	3	4	7	3	4	..	..	..	..	..	..
1—2 ..	8	3	5	8	3	5	..	..	..	..	..	..
2—3 ..	8	4	4	8	4	4	..	..	..	..	..	..
3—4 ..	10	5	5	10	5	5	..	..	..	..	..	..
4—5 ..	5	3	2	5	3	2	..	..	..	..	..	..
Total 0—5 ..	38	18	20	38	18	20	..	..	..	..	..	..
5—10 ..	30	18	12	30	18	12	..	..	..	..	..	..
10—15 ..	17	11	6	17	11	6	..	..	..	..	..	..
15—20 ..	20	12	8	11	10	1	9	2	7	..	..	..
20—25 ..	19	12	7	3	3	..	16	9	7	..	..	..
25—30 ..	15	7	8	1	1	..	14	6	8	..	..	..
30—35 ..	15	6	9	1	1	..	14	5	9	..	..	..
35—40 ..	20	14	6	..	..	..	20	14	6	..	..	..
40—45 ..	10	9	1	..	..	..	7	7	..	3	2	1
45—50 ..	7	7	..	..	..	..	7	7	..	..	..	..
50—55 ..	6	6	..	..	..	..	5	5	..	1	1	..
55—60 ..	2	2	..	..	..	..	1	1	..	1	1	..
60—65 ..	2	2	..	..	..	..	2	2	..	..	..	..
65—70 ..	..	..	..	..	..	..	..	..	..	..	..	..
70 and over ..	..	..	..	..	..	..	..	..	..	..	..	..
Age not returned ..	..	..	..	..	..	..	..	..	..	..	..	..
Total ..	201	124	77	101	62	39	95	58	37	5	4	1

E—Christian.

Age.	Population.			Unmarried.			Married.			Widowed.		
	Persons.	Males.	Females.	Persons.	Males.	Females.	Persons.	Males.	Females.	Persons.	Males.	Females.
0—1 ..	11	8	3	11	8	3	..	..	..	..	..	..
1—2 ..	26	15	11	26	15	11	..	..	..	..	..	..
2—3 ..	35	20	15	35	20	15	..	..	..	..	..	..
3—4 ..	21	11	10	21	11	10	..	..	..	..	..	..
4—5 ..	20	12	8	20	12	8	..	..	..	..	..	..
Total 0—5 ..	113	66	47	113	66	47	..	..	..	..	..	..
5—10 ..	110	63	47	109	62	47	1	1	..	..	..	..
10—15 ..	62	26	36	60	26	34	2	..	2	..	..	..
15—20 ..	127	87	40	122	85	37	5	2	3	..	..	..
20—25 ..	490	454	36	449	429	20	40	25	15	1	..	1
25—30 ..	350	297	53	234	223	11	114	72	42	2	2	..
30—35 ..	308	226	82	103	86	17	204	139	65	1	1	..
35—40 ..	218	169	49	49	44	5	167	123	44	2	2	..
40—45 ..	184	131	53	48	35	13	131	95	36	5	1	4
45—50 ..	122	104	18	20	17	3	99	85	14	3	2	1
50—55 ..	82	69	13	10	8	2	66	56	10	6	5	1
55—60 ..	26	24	2	1	1	..	21	20	1	4	3	1
60—65 ..	23	20	3	4	4	..	19	16	3	..	..	..
65—70 ..	6	2	4	1	..	1	3	2	1	2	..	2
70 and over ..	4	4	..	1	1	..	3	3	..	..	..	..
Age not returned ..	20	20	..	15	15	..	5	5	..	..	..	..
Total ..	2,245	1,782	463	1,339	1,102	237	880	644	236	26	16	10

IMPERIAL TABLE VII—*contd.*

F—Zoroastrian.

Age.	Population.			Unmarried.			Married.			Widowed.		
	Persons.	Males.	Females.	Persons.	Males.	Females.	Persons.	Males.	Females.	Persons.	Males.	Females.
1	2	3	4	5	6	7	8	9	10	11	12	13
0—1 ..	5	3	2	5	3	2	..	..	..	..	..	..
1—2 ..	6	3	3	6	3	3	..	..	..	..	..	..
2—3 ..	5	2	3	5	2	3	..	..	..	..	..	..
3—4 ..	3	2	1	3	2	1	..	..	..	..	..	..
4—5 ..	4	3	1	4	3	1	..	..	..	..	..	..
Total 0—5 ..	23	13	10	23	13	10	..	..	..	..	..	..
5—10 ..	29	16	13	29	16	13	..	..	..	..	..	..
10—15 ..	15	8	7	15	8	7	..	..	..	..	..	..
15—20 ..	20	5	15	18	5	13	2	..	2	..	..	..
20—25 ..	37	24	13	32	22	10	5	2	3	..	..	..
25—30 ..	43	38	5	34	34	..	9	4	5	..	..	..
30—35 ..	35	26	9	15	14	1	20	12	8	..	..	..
35—40 ..	35	25	10	9	9	..	26	16	10	..	..	..
40—45 ..	29	22	7	4	4	..	24	17	7	1	1	..
45—50 ..	26	23	3	3	3	..	21	19	2	2	1	1
50—55 ..	23	22	1	2	2	..	21	20	1	..	..	..
55—60 ..	15	14	1	2	1	1	11	11	..	2	2	..
60—65 ..	5	4	1	..	..	..	5	4	1	..	..	..
65—70 ..	9	7	2	1	..	1	4	4	..	4	3	1
70 and over ..	1	1	..	..	..	..	..	..	..	1	1	..
Age not returned ..	..	..	..	..	..	..	..	..	..	..	..	..
Total ..	345	248	97	187	131	56	148	109	39	10	8	2

G—Sikh.

Age.	Population.			Unmarried.			Married.			Widowed.		
	Persons.	Males.	Females.	Persons.	Males.	Females.	Persons.	Males.	Females.	Persons.	Males.	Females.
0—1 ..	1	..	1	1	..	1	..	..	..	..	..	..
1—2 ..	..	..	..	..	..	..	..	..	..	..	..	..
2—3 ..	..	..	..	..	..	..	..	..	..	..	..	..
3—4 ..	1	1	..	1	1	..	..	..	..	..	..	..
4—5 ..	..	..	..	..	..	..	..	..	..	..	..	..
Total 0—5 ..	2	1	1	2	1	1	..	..	..	..	..	..
5—10 ..	1	..	1	1	..	1	..	..	..	..	..	..
10—15 ..	1	..	1	1	..	1	..	..	..	..	..	..
15—20 ..	..	..	..	..	..	..	..	..	..	..	..	..
20—25 ..	..	..	..	..	..	..	..	..	..	..	..	..
25—30 ..	2	1	1	..	..	..	2	1	1	..	..	..
30—35 ..	2	1	1	..	..	..	2	1	1	..	..	..
35—40 ..	..	..	..	..	..	..	..	..	..	..	..	..
40—45 ..	2	2	..	..	..	..	2	2	..	..	..	..
45—50 ..	..	..	..	..	..	..	..	..	..	..	..	..
50—55 ..	..	..	..	..	..	..	..	..	..	..	..	..
55—60 ..	..	..	..	..	..	..	..	..	..	..	..	..
60—65 ..	..	..	..	..	..	..	..	..	..	..	..	..
65—70 ..	..	..	..	..	..	..	..	..	..	..	..	..
70 and over ..	..	..	..	..	..	..	..	..	..	..	..	..
Age not returned ..	..	..	..	..	..	..	..	..	..	..	..	..
Total ..	10	5	5	4	1	3	6	4	2	..	..	..

H—Jew.

Age.	Population.			Unmarried.			Married.			Widowed.		
	Persons.	Males.	Females.	Persons.	Males.	Females.	Persons.	Males.	Females.	Persons.	Males.	Females.
0—1 ..	76	43	33	76	43	33	..	..	..	..	..	..
1—2 ..	110	46	64	110	46	64	..	..	..	..	..	..
2—3 ..	105	49	56	105	49	56	..	..	..	..	..	..
3—4 ..	116	49	67	116	49	67	..	..	..	..	..	..
4—5 ..	133	63	70	133	63	70	..	..	..	..	..	..
Total 0—5 ..	540	250	290	540	250	290	..	..	..	..	..	..
5—10 ..	523	270	253	521	268	253	1	1	..	1	1	..
10—15 ..	473	249	224	458	241	217	15	8	7	..	..	..
15—20 ..	443	223	220	362	203	159	80	20	60	1	..	1
20—25 ..	397	186	211	196	117	79	197	68	129	4	1	3
25—30 ..	364	175	189	85	52	33	267	117	150	12	6	6
30—35 ..	332	174	158	59	33	26	249	133	116	24	8	16
35—40 ..	251	131	120	20	14	6	210	117	93	21	..	21
40—45 ..	305	181	124	16	11	5	256	162	94	33	8	25
45—50 ..	164	98	66	15	9	6	129	84	45	20	5	15
50—55 ..	176	90	86	9	3	6	119	81	38	48	6	42
55—60 ..	42	22	20	1	..	1	30	21	9	11	1	10
60—65 ..	96	56	40	7	1	6	60	50	10	29	5	24
65—70 ..	9	7	2	..	..	..	8	7	1	1	..	1
70 and over ..	36	23	13	2	1	1	25	22	3	9	..	9
Age not returned ..	..	..	..	..	..	..	..	..	..	..	..	..
Total ..	4,151	2,135	2,016	2,281	1,203	1,088	1,646	891	755	214	41	173

I—Buddhist.

Age.	Population.			Unmarried.			Married.			Widowed.		
	Persons.	Males.	Females.	Persons.	Males.	Females.	Persons.	Males.	Females.	Persons.	Males.	Females.
1	2	3	4	5	6	7	8	9	10	11	12	13
0—1 ..	..	..	..	..	..	..	..	..	..	..	..	..
1—2 ..	..	..	..	..	..	..	..	..	..	..	..	..
2—3 ..	1	1	..	1	1	..	..	..	..	..	..	..
3—4 ..	1	..	1	1	..	1	..	..	..	..	..	..
4—5 ..	..	..	..	..	..	..	..	..	..	..	..	..
Total 0—5 ..	2	1	1	2	1	1	..	..	..	..	..	..
5—10 ..	6	6	..	6	6	..	..	..	..	..	..	..
10—15 ..	4	3	1	3	3	..	1	..	1	..	..	..
15—20 ..	9	9	..	7	7	..	2	2	..	..	..	..
20—25 ..	12	11	1	8	8	..	4	3	1	..	..	..
25—30 ..	30	30	..	9	9	..	21	21	..	..	..	..
30—35 ..	9	7	2	..	..	..	9	7	2	..	..	..
35—40 ..	13	12	1	..	..	..	13	12	1	..	..	..
40—45 ..	9	9	..	1	1	..	8	8	..	..	..	..
45—50 ..	5	5	..	..	..	..	5	5	..	..	..	..
50—55 ..	4	4	..	..	..	..	4	4	..	..	..	..
55—60 ..	..	..	..	..	..	..	..	..	..	..	..	..
60—65 ..	..	..	..	..	..	..	..	..	..	..	..	..
65—70 ..	..	..	..	..	..	..	..	..	..	..	..	..
70 and over ..	..	..	..	..	..	..	..	..	..	..	..	..
Age not returned ..	..	..	..	..	..	..	..	..	..	..	..	..
Total ..	103	97	6	36	35	1	67	62	5	..	..	..

INFIRMITY.

A person suffering from two or more infirmities has been shown separately under each infirmity, and therefore, in both parts of this table the figures in columns 2 to 4 represent the number of cases and not the actual number of persons.

PART I—Distribution by Age.

ADEN.

Age.	Population Afflicted.			Insane.			Deaf-Mutes.			Blind.			Lepers.		
	Persons.	Males.	Females.	Persons.	Males.	Females.	Persons.	Males.	Females.	Persons.	Males.	Females.	Persons.	Males.	Females.
1	2	3	4	5	6	7	8	9	10	11	12	13	14	15	16
0—1 ..	..	..	..	..	..	..	..	..	..	..	..	..	..	..	..
1—2 ..	..	..	..	..	..	..	..	..	..	..	..	..	..	..	..
2—3 ..	..	..	..	..	..	..	..	..	..	..	..	..	..	..	..
3—4 ..	..	..	..	..	..	..	..	..	..	..	..	..	..	..	..
4—5 ..	..	..	..	..	..	..	..	..	..	..	..	..	..	..	..
Total 0—5 ..	..	..	..	..	..	..	..	..	..	..	..	..	..	..	..
5—10 ..	2	1	1	..	..	..	2	1	1	..	..	..	..	..	..
10—15 ..	4	4	..	..	..	..	1	1	..	3	3	..	..	..	..
15—20 ..	4	3	1	2	1	1	1	1	..	..	..	..	1	1	..
20—25 ..	9	7	2	1	..	1	2	2	..	2	1	1	4	4	..
25—30 ..	9	9	..	..	..	..	1	1	..	5	5	..	3	3	..
30—35 ..	10	8	2	1	..	1	1	1	..	2	1	1	6	6	..
35—40 ..	14	11	3	2	1	1	2	2	..	7	5	2	3	3	..
40—45 ..	20	20	..	2	2	..	2	2	..	10	10	..	6	6	..
45—50 ..	6	5	1	5	4	1	..	..	..	..	..	..	1	1	..
50—55 ..	15	10	5	..	..	..	..	..	..	13	8	5	2	2	..
55—60 ..	6	4	2	..	..	..	2	1	1	3	2	1	1	1	..
60—65 ..	13	9	4	1	1	..	1	1	..	11	7	4	..	..	..
65—70 ..	7	3	4	..	..	..	..	..	..	7	3	4	..	..	..
70 and over ..	11	5	6	..	..	..	..	..	..	11	5	6	..	..	..
Total, Aden ..	130	99	31	14	9	5	15	13	2	74	50	24	27	27	..

PART II—Distribution by Unit.

Unit.	Population Afflicted.			Insane.			Deaf-Mutes.			Blind.			Lepers.		
	Persons.	Males.	Females.	Persons.	Males.	Females.	Persons.	Males.	Females.	Persons.	Males.	Females.	Persons.	Males.	Females.
1	2	3	4	5	6	7	8	9	10	11	12	13	14	15	16
Aden ..	130	99	31	14	9	5	15	13	2	74	50	24	27	27	..

TABLE X.

Occupation or Means of Livelihood.

ADEN.

Total Earners	**23,988**
Total Working Dependants	**1,389**
Total Non-Working Dependants	**26,101**
Total Population	**51,478**

Group No.	Occupation.	Total following occupation.	As principal occupation. Males.	Females.	As working dependants. Males.	Females.	As subsidiary to other occupation. Males.	Females.
1	2	3	4	5	6	7	8	9
	Total All Classes	25,698	22,972	1,016	1,048	341	299	22
	Total Class A—Production of Raw Materials ..	1,318	962	124	15	31	175	11
	Total Sub-Class I—Exploitation of Animals and Vegetation	1,291	935	124	15	31	175	11
	Total Order 1—Pasture and Agriculture ..	676	340	122	4	31	168	11
	Total Sub-Order 1 (a)—Cultivation	445	187	65	4	11	167	11
1	Non-cultivating proprietors taking rent in money or kind	146	99	47	....	....	....	....
3	Estate Agents and Managers of Government ..	3	3	....	....	....	....	....
4	Rent collectors, clerks, etc.	13	9	4	....	....	....	....
5	Cultivating owners	226	20	13	4	11	167	11
7	Agricultural labourers	57	56	1	....	....	....	....
	Total Sub-Order 1 (b)—Cultivation of Special Crops Fruit, etc. (Planters, Managers, Clerks and Labourers)	103	35	47	....	20	1	....
11	Coffee	75	8	47	....	20	....	....
16	Market gardeners, flower and fruit growers ..	28	27	....	....	....	1	....
	Total Sub-Order 1 (c)—Forestry	80	78	2	....	....	....	....
18	Wood cutters and charcoal burners	80	78	2	....	....	....	....
	Total Sub-Order 1 (d)—Stock Raising ..	48	40	8	....	....	....	....
21	Cattle and buffalo breeders and keepers ..	38	34	4	....	....	....	....
22	Breeders of transport animals	1	1	....	....	....	....	....
23	Herdsmen, Shepherds and breeders of other animals	9	5	4	....	....	....	....
	Total Order 2—Fishing and Hunting	615	595	2	11	....	7	....
27	Fishing and Pearling	615	595	2	11	....	7	....
	Total Sub-Class II—Exploitation of Minerals ..	27	27	....	....	....	....	....
	Total Order 3—Metallic Minerals	9	9	....	....	....	....	....
34	Other metallic minerals	9	9	....	....	....	....	....
	Total Order 4—Non-metallic Minerals ..	18	18	....	....	....	....	....
35	Coal	14	14	....	....	....	....	....
37	Building materials (including stone, materials from cement manufacture and clay)	2	2	....	....	....	....	....
40	Salt, saltpetre and other saline substances ..	2	2	....	....	....	....	....
	Total Class B—Preparation and Supply of Material Substances	13,481	12,481	480	372	142	34	10
	Total Sub-Class III—Industry	3,238	3,238	316	189	131	33	7
	Total Order 5—Textiles	453	305	102	8	30	3	5
43	Cotton spinning, sizing and weaving	140	119	11	8	....	2	....
44	Jute pressing, spinning and weaving	32	1	....	....	30	1	....
45	Rope, twine, string and other fibres	112	24	87	....	....	....	1
49	Dyeing, bleaching, printing, preparation and sponging of textiles	162	160	2	....	....	....	....
50	Lace, crepe, embroideries, fringes, etc. and insufficiently described textile industries ..	7	1	2	....	....	....	4
	Total Order 6—Hides, Skins and Hard Materials from the Animal Kingdom	42	39	1	....	....	2	....
51	Working in leather	42	39	1	....	....	2	....

TABLE X—*contd.*

Group No.	Occupation.	Total following occupation.	As principal occupation.		As working dependents.		As subsidiary to other occupation.	
			Males.	Females.	Males.	Females.	Males.	Females.
1	2	3	4	5	6	7	8	9
	Total Order 7—Wood	**648**	**452**	**68**	**70**	**48**	**10**	....
54	Sawyers	2	2	....	....	....	....	....
55	Carpenters, turners and joiners, etc.	514	435	....	69	....	10	....
56	Basket makers and other industries of woody materials, including leaves and thatchers and builders working with bamboo, reeds or similar materials	132	15	68	1	48	....	....
	Total Order 8—Metals	**197**	**189**	**2**	**2**	....	**4**	....
59	Blacksmiths, other workers in iron, makers of implements	126	118	2	2	....		....
60	Workers in brass, copper and bell metal ..	32	32	....	....	....	....	....
61	Workers in other metals (except precious metals).	39	39	....	....	....	....	....
	Total Order 9—Ceramics	**19**	**10**	**2**	**7**	....	....	....
63	Potters and makers of earthen-ware	16	7	2	7	....	....	....
64	Brick and tile makers	3	3	....	....	....	....	....
	Total Order 10—Chemical Products properly so called and Analogous	**77**	**73**	**2**	**1**	....	**1**	....
67	Manufacture of aerated and mineral waters and ice.	4	3	....	1	....	....	....
68	Manufacture and refining of vegetable oils ..	71	68	2	....	....	1	....
70	Others	2	2	....	....	....	....	....
	Total Order 11—Food Industries	**421**	**346**	**40**	**13**	**7**	**4**	**2**
72	Grain parchers, etc.	1	....	1	....	....	....	....
73	Butchers	129	124	....	4	....	1	....
74	Makers of sugar, molasses and gur	11	6	5	....	....	....	....
75	Sweetmeat and condiment makers	9	9	....	....	....	....	....
77	Brewers and distillers	7	7	....	....	....	....	....
78	Manufacturers of Tobacco	76	67	1	7	....	1	....
81	Others	188	138	42	2	7	2	2
	Total Order 12—Industries of Dress and the Toilet	**756**	**598**	**67**	**61**	**26**	**4**	....
82	Boot, shoe, sandal and clog makers ..	78	76	....	2	....	....	....
83	Tailors, milliners, dressmakers and darners ..	356	240	45	42	25	4	....
84	Embroiderers, hat makers and makers of other articles of wear	12	7	4	..	1	....	....
85	Washing and cleaning	184	156	17	11	....	....	....
86	Barbers, hair dressers and wig makers ..	124	117	1	6	....	....	....
87	Other industries connected with the toilet ..	2	2	....	....	....	....	....
	Total Order 13—Furniture Industries	**14**	**12**	**2**	....	....	....	....
88	Cabinet makers, carriage painters, etc. ..	3	3	....	....	....	....	....
89	Upholsterers, tent makers, etc.	11	9	2	....	....	....	....
	Total Order 14—Building Industries	**413**	**398**	....	**12**	**1**	**2**	....
90	Lime burners, cement workers: Excavators and well sinkers, Stone cutters and dressers: Brick layers and masons: Builders (other than buildings made of bamboo or similar materials), painters, decorators of houses, tilers, plumbers, etc.	413	398	....	12	1	2	....
	Total Order 15—Construction of means of Transport	**35**	**35**	....	....	....	....	....
91	Persons engaged in making, assembling or repairing motor vehicles or cycles	27	27	....	....	....	....	....
92	Carriage, cart, palki, etc., makers and wheelwrights	7	7	....	....	....	....	....
93	Ship, boat, aeroplane builders	1	1	....	....	....	....	....
	Total Order 16—Production and Transmission of Physical Force	**60**	**60**	....	....	....	....	....
94	Heat, light, electricity, motive power, etc., Gas works and electric light and power	60	60	....	....	....	....	....
	Total Order 17—Miscellaneous and Undefined Industries	**779**	**721**	**21**	**15**	**19**	**3**	....
95	Printers, engravers, book-binders, etc. ..	12	12	....	....	....	....	....
97	Makers of clocks and surgical or scientific instruments, etc.	24	24	....	....	....	....	....
98	Makers of jewellery and ornaments	111	111	....	....	....	....	....
99	Other miscellaneous and undefined industries (toy making, taxidermy, etc.)	11	6	3	1	....	1	....
100	**Scavenging**	**621**	**568**	**18**	**14**	**19**	**2**	....

Group No.	Occupation.	Total following occupation.	As principal occupation. Males.	As principal occupation. Females.	As working dependents. Males.	As working dependents. Females.	As subsidiary to other occupation. Males.	As subsidiary to other occupation. Females.
1	2	3	4	5	6	7	8	9
	Total Sub-Class IV—Transport	**6,065**	**5,923**	**8**	**115**	**4**	**15**	....
	Total Order 18—Transport by Air	**1**	**1**	....	....	....	....	....
101	Persons concerned with ærodromes and æroplanes	1	1	....	....	....	....	....
	Total Order 19—Transport by water	**4,383**	**4,335**	**5**	**32**	**4**	**7**	....
102	Ship-owners, boat-owners and their employees, officers, mariners, etc., Ships' brokers, boatmen and tow men	2,966	2,938	5	32	4	7	....
103	Persons (other than labourers) employed in harbours, docks, rivers and canals including pilots	930	930	....	....	....	....	....
104	Labourers employed on harbours, docks, rivers and canals	467	467	....	....	....	....	....
	Total Order 20—Transport by Road	**1,548**	**1,464**	**3**	**73**	....	**8**	....
105	Persons (other than labourers) employed on the construction and maintenance of roads and bridges	42	42	....	....	....	....	....
106	Labourers employed on roads and bridges ..	41	41	....	....	....	....	....
107	Owners, managers and employees (excluding personal servants) connected with mechanically driven vehicles (including trams)	612	570	....	37	....	5	....
108	Owners, managers and employees (excluding personal servants) connected with other vehicles	388	382	....	3	....	3	....
109	Palki, etc., bearers and owners ..	6	6	....	....	....	....	....
110	Pack elephant, camel, mule, ass and bullock owners and drivers	108	105	3	....	....	....	....
111	Porters and messengers	351	318	....	33	....	....	....
	Total Order 21—Transport by Rail	**40**	**39**	....	**1**	....	....	....
112	Railway employees of all kinds other than coolies .	32	31	....	1	....	....	....
113	Labourers employed on railway construction and maintenance and coolies and porters employed on railway premises	8	8	....	....	....	....	....
	Total Order 22—Post Office Telegraph and Telephone services	**93**	**84**	....	**9**	....	....	....
114	Post Office, Telegraph and Telephone services ..	93	84	....	9	....	....	....
	Total Sub-Class V—Trade	**3,590**	**3,320**	**156**	**68**	**7**	**36**	**3**
	Total Order 23—Banks Establishments of Credit, Exchange and Insurance	**55**	**49**	....	**2**	....	**3**	**1**
115	Bank managers, money lenders, exchange and insurance agents, money changers and brokers and their employees	55	49	....	2	....	3	1
	Total Order 24—Brokerage, Commission and Export	**361**	**316**	**26**	**8**	**2**	**9**	....
116	Brokers, commission agents, commercial travellers, warehouse owners and employees ..	361	316	26	8	2	9	....
	Total Order 25—Trade in Textiles	**120**	**112**	**6**	**1**	....	**1**	....
117	Trade in piece-goods, wool, cotton, silk hair and other textiles	120	112	6	1	....	1	....
	Total Order 26—Trade in skins, Leather and Furs ..	**38**	**37**	**1**	....	....	....	....
118	Trade in skins, leather, furs, feathers, horn, etc., and the articles made from these	38	37	1	....	....	....	....
	Total Order 27—Trade in Wood	**3**	**2**	....	....	....	**1**	....
119	Trade in wood (not firewood)	2	1	....	....	....	1	....
122	Trade in thatches and other forest produce ..	1	1	....	....	....	....	....
	Total Order 28—Trade in Metals	**5**	**5**	....	....	....	....	....
123	Trade in metals, machinery, knives, tools, etc. ..	5	5	....	....	....	....	....

Group No.	Occupation.	Total following occupation.	As principal occupation.		As working dependents.		As subsidiary to other occupation.	
			Males.	Females.	Males.	Females.	Males.	Females.
1	2	3	4	5	6	7	8	9
	Total Order 29—Trade in Pottery, Bricks and Tiles	**1**	**1**	....	....	....	....	....
124	Trade in pottery, bricks, and tiles	1	1	....	....	....	....	....
	Total Order 30—Trade in Chemical Products ..	**19**	**17**	**1**	....	....	**1**	....
125	Drugs, dyes, paints, petroleum, explosives, etc ..	19	17	1	....	....	1	....
	Total Order 31—Hotels, Cafes, Restaurants, etc. ..	**876**	**846**	**14**	**13**	**1**	**2**	....
126	Vendors of wine, liquors, aerated waters, and ice ..	18	16	1	....	....	1	....
127	Owners and Managers of Hotels, Cooks shops Sarais, etc. (and employees)	628	616	6	5	....	1	....
128	Hawkers of drink and food stuffs	230	214	7	8	1	....	....
	Total Order 32—Other Trade in Food Stuffs ..	**865**	**763**	**77**	**14**	**2**	**8**	**1**
129	Grain and pulse dealers	23	16	7	....	....	....	....
130	Dealers in sweetmeats, sugar and spices ..	174	158	4	10	....	2	....
131	Dealers in dairy products, eggs and poultry ..	102	56	39	4	2	1	....
132	Dealers in animals for food	21	18	3	....	....	....	....
133	Dealers in fodder for animals	22	22	....	....	....	....	....
134	Dealers in other food stuffs	412	397	10	....	....	4	1
135	Dealers in tobacco	111	96	14	....	....	1	....
	Total Order 33—Trade in Clothing and Toilet Articles	**21**	**19**	**2**	....	....	....	....
138	Trade in ready-made clothing and other articles of dress and the toilet (hats, umbrellas, socks, ready-made shoes, perfumes, etc.)	21	19	2	....	....	....	....
	Total Order 34—Trade in Furniture	**11**	**5**	**5**	....	....	**1**	....
139	Trade in furniture, carpets, curtain and beddings ..	10	4	5	....	....	1	....
140	Hardware, cooking utensils, porcelain, crockery, glassware, bottles, articles for gardening, etc. ..	1	1	....	....	....	....	....
	Total Order 35—Trade in Building Materials ..	**12**	**12**	....	....	....	....	....
141	Trade in building materials (other than bricks, tiles and woody materials)	12	12	....	....	....	....	....
	Total Order 36—Trade in Means of Transport ..	**17**	**14**	....	**3**	....	....	....
142	Dealers and hirers in mechanical transport motors, cycles, etc.	3	3	....	....	....	....	....
143	Dealers and hirers in other carriages, carts, boats, etc.	9	9	....	....	....	....	....
144	Dealers and hirers of elephants, camels, horses, cattle, asses, mules, etc.	5	2	....	3	....	....	....
	Total Order 37—Trade in Fuel	**30**	**15**	**9**	**1**	**2**	**3**	....
145	Dealers in firewood, charcoal, coal, cowdung ..	30	15	9	1	2	3	....
	Total Order 38—Trade in Articles of Luxury and those pertaining to Letters and the Arts and Sciences	**73**	**73**	....	....	....	....	....
146	Dealers in precious stones, jewellery (real and imitation), clocks, optical instruments, etc. ..	6	6	....	....	....	....	....
147	Dealers in common bangles, bead necklaces, fans, small articles, toys, hunting and fishing tackle, flowers, etc.	62	62	....	....	....	....	....
148	Publishers, book-sellers, stationers, dealers in music, pictures, musical instruments and curiosities	5	5	....	....	....	....	....
	Total Order 39—Trade of other Sorts	**1,083**	**1,034**	**15**	**26**	..	**7**	**1**
150	General store-keepers, and shop-keepers otherwise unspecified	766	729	5	25	....	7	....
151	Itinerant traders, pedlars and hawkers (of other than food, etc.)	316	304	10	1	....	....	1
152	Other trades (including farmers of pounds, tools and markets)	1	1	....	....	....	....	....

Group No.	Occupation.	Total following occupation.	As principal occupation.		As working dependents.		As subsidiary to other occupation.	
			Males.	Females.	Males.	Females.	Males.	Females.
1	2	3	4	5	6	7	8	9
	Total Class "C" Public Administration and Liberal Arts	**2,010**	**1,902**	**51**	**38**	**9**	**9**	....
	Total Sub-Class VI—Public Force	**1,258**	**1,258**	....	....	....	....	....
	Total Order 40—Army	**481**	**481**	....	....	....	....	....
153	Army (Imperial)	477	477	....	....	....	....	....
154	Army (Indian States)	4	4	....	....	....	....	....
	Total Order 42—Air Force	**245**	**245**	....	....	....	....	....
156	Air Force	245	245	....	....	....	....	....
	Total Order 43—Police	**532**	**532**	....	....	....	....	....
157	Police	528	528	....	....	....	....	....
158	Village watchmen	4	4	....	....	....	....	....
	Total Sub-Class VII—Public Administration ..	**244**	**220**	**1**	**21**	....	**2**	....
	Total Order 44—Public Administration ..	**244**	**220**	**1**	**21**	....	**2**	....
159	Service of the State	117	115	1	1	....	....	....
160	Service of Indian and Foreign States	3	3	....	....	....	....	....
161	Municipal and other local (not village) service	124	102	....	20	....	2	....
	Total Sub-Class VIII—Professions and Liberal Arts.	**508**	**425**	**50**	**17**	**9**	**7**	....
	Total Order 45—Religion	**92**	**72**	**15**	**2**	**3**	....	....
163	Priests, ministers, etc.	38	35	2	1	....	....	....
164	Monks, nuns, religious mendicants	8	....	5	....	3	....	....
165	Other religious workers	12	12	....	....	....	....	....
166	Servants in religious edifices, burial and burning grounds, pilgrim conductors, circumcisers, etc. ..	34	25	8	1	....	....	....
	Total Order 46—Law	**136**	**132**	..	**2**	....	**2**	....
167	Lawyers of all kinds, including Qazis, Law Agents and Mukhtiars	58	56	....	1	....	1	....
168	Lawyers' clerks, petition writers, etc. ..	78	76	....	1	....	1	....
	Total Order 47—Medicine	**82**	**58**	**21**	**1**	**2**	....	....
169	Registered medical practitioners including oculists	24	20	2	1	1	....	....
170	Other persons practising the healing arts without being registered	6	4	2	....	....	....	....
171	Dentists	3	3	....	....	....	....	....
172	Midwives, Vaccinators, compounders, nurses, masseurs, etc.	47	29	17	....	1	....	....
173	Veterinary surgeons	2	2	....	....	....	....	....
	Total Order 48—Instruction	**145**	**115**	**11**	**10**	**4**	**5**	....
174	Professors and teachers of all kinds	140	110	11	10	4	5	....
175	Clerks and servants connected with education ..	5	5	....	....	....	....	....
	Total Order 49—Letters Arts and Sciences (other than 44)	**53**	**48**	**3**	**2**	....	....	....
176	Public scribes, stenographers, etc.	1	1	....	....	....	....	....
177	Architects, surveyors, engineers, and their employees (not being State servants) ..	13	13	....	....	....	....	....
178	Authors, editors journalists and photographers ..	8	7	....	1	....	....	....
181	Horoscope casters, astrologers, fortune-tellers, wizards, witches and medium	1	....	1	....	....	....	....
182	Musicians (composers and performers other than military) actors, dancers	8	7	....	1	....	....	....
183	Managers and employees of places of public entertainments, race courses, societies, clubs ..	22	20	2	....	....	....	....
	Total Class D—Miscellaneous	**8,801**	**7,626**	**361**	**623**	**150**	**31**	**2**
	Total Sub-Class IX—Persons Living on their Income	**119**	**104**	**3**	**6**	**1**	**5**	....
	Total Order 50—Persons Living Principally on their Income	**119**	**104**	**3**	**6**	**1**	**5**	....
185	Proprietors (other than of agricultural land), fund and scholarships holders and pensioners ..	119	104	3	6	1	5	....

Group No.	Occupation.	Total following occupation.	As principal occupation.		As working dependents.		As subsidiary to other occupation.	
			Males.	Females.	Males.	Females.	Males.	Females.
1	2	3	4	5	6	7	8	9
	Total Sub-Class X—Domestic Service	**3,507**	**2,753**	**219**	**379**	**151**	**5**	....
	Total Order 51—Domestic Service	**3,507**	**2,753**	**219**	**379**	**151**	**5**	....
186	Private motor-drivers and cleaners	48	47	1	....	....	....	....
187	Other domestic service	3,459	2,706	218	379	151	5	....
	Total Sub-Class XI—Insufficiently described occupations	**4,827**	**4,573**	**10**	**222**	**4**	**17**	**1**
	Total Order 52—General Terms which do not Indicate a Definite Occupation	**4,827**	**4,573**	**10**	**222**	**4**	**17**	**1**
188	Manufacturers, businessmen and contractors, otherwise unspecified	222	209	....	7	4	2	....
189	Cashiers, accountants, book-keepers, clerks and other employees in unspecified offices and warehouses and shops	1,058	959	2	88	....	8	1
190	Mechanics otherwise unspecified	395	329	....	63	....	3	....
191	Labourers and workmen otherwise unspecified ..	3,152	3,076	8	64	....	4	....
	Total Sub-Class XII—Unproductive	**348**	**196**	**129**	**16**	**3**	**4**	....
	Total Order 53—Inmates of Jails, Asylums and Alms Houses	**4**	**4**	....	....	....	....	....
192	Inmates of jails, asylums and alms houses ..	4	4	....	....	....	....	....
	Total Order 54—Beggars, Vagrants, Prostitutes ..	**266**	**124**	**127**	**10**	**1**	**4**	....
193	Beggars and vagrants	170	118	42	10	....	....	....
194	Procurers and prostitutes	96	6	85	....	1	4	....
	Total Order 55—Other Unclassified Non-Productive Industries	**78**	**68**	**2**	**6**	**2**	....	....
195	Other unclassified non-productive industries ..	78	68	2	6	2	....	....

IMPERIAL TABLE XIII.

ADEN.

Literacy by Religion and Age.

A—All Religions.

Age.	Population.									Literate in English.		
	Total.			Literate.			Illiterate.					
	Persons.	Males.	Females.	Persons.	Males.	Females.	Persons.	Males.	Females.	Persons.	Males.	Females.
1	2	3	4	5	6	7	8	9	10	11	12	13
0—5	4,172	2,136	2,036	9	5	4	4,163	2,131	2,032	8	5	3
5—10	4,848	2,593	2,255	157	104	53	4,691	2,489	2,202	62	33	29
10—15	4,456	2,875	1,581	524	446	78	3,932	2,429	1,503	139	95	44
15—20	4,876	3,007	1,869	799	689	110	4,077	2,318	1,759	304	244	60
20 and over ..	33,126	21,734	11,392	7,105	6,564	541	26,021	15,170	10,851	2,837	2,493	344
Total ..	51,478	32,345	19,133	8,594	7,808	786	42,884	24,537	18,347	3,350	2,870	480

B—Hindu.

Age.	Persons.	Males.	Females.	Persons.	Males.	Females.	Persons.	Males.	Females.	Persons.	Males.	Females.
0—5	196	101	95	..	..	..	196	101	95	..	..	..
5—10	189	87	102	11	7	4	178	80	98	2	2	..
10—15	122	77	45	47	35	12	75	42	33	12	10	2
15—20	133	78	55	59	49	10	74	29	45	20	20	..
20 and over ..	945	678	267	525	458	67	420	220	200	178	164	14
Total ..	1,585	1,021	564	642	549	93	943	472	471	212	196	16

C—Muslim.

Age.	Persons.	Males.	Females.	Persons.	Males.	Females.	Persons.	Males.	Females.	Persons.	Males.	Females.
0—5	3,258	1,686	1,572	..	..	..	3,258	1,686	1,572	..	..	..
5—10	3,960	2,133	1,827	64	56	8	3,896	2,077	1,819	2	2	1
10—15	3,762	2,501	1,261	351	333	18	3,411	2,168	1,243	39	38	1
15—20	4,124	2,593	1,531	516	486	30	3,608	2,107	1,501	116	115	1
20 and over ..	27,734	18,040	9,694	4,146	4,053	93	23,588	13,987	9,601	830	819	11
Total ..	42,838	26,953	15,885	5,077	4,928	149	37,761	22,025	15,736	988	974	14

D—Jain.

Age.	Persons.	Males.	Females.	Persons.	Males.	Females.	Persons.	Males.	Females.	Persons.	Males.	Females.
0—5	38	18	20	..	..	..	38	18	20	..	..	..
5—10	30	18	12	6	4	2	24	14	10	..	..	..
10—15	17	11	6	4	4	..	13	7	6	..	..	..
15—20	20	12	8	12	9	3	8	3	5	4	4	..
20 and over ..	96	65	31	58	52	6	38	13	25	11	11	..
Total ..	201	124	77	80	69	11	121	55	66	15	15	..

E—Zoroastrian.

Age.	Persons.	Males.	Females.	Persons.	Males.	Females.	Persons.	Males.	Females.	Persons.	Males.	Females.
0—5	23	13	10	1	1	..	22	12	10	1	1	..
5—10	29	16	13	10	2	8	19	14	5	5	..	5
10—15	15	8	7	15	8	7	..	..	..	11	7	4
15—20	20	5	15	20	5	15	..	..	..	17	5	12
20 and over ..	258	206	52	243	200	43	15	6	9	213	186	27
Total ..	345	248	97	289	216	73	56	32	24	247	199	48

F—Christian.

Age.	Persons.	Males.	Females.	Persons.	Males.	Females.	Persons.	Males.	Females.	Persons.	Males.	Females.
0—5	113	66	47	8	4	4	105	62	43	7	4	3
5—10	110	63	47	54	29	25	56	34	22	49	26	23
10—15	62	26	36	57	24	33	5	2	3	56	23	33
15—20	127	87	40	116	80	36	11	7	4	111	75	36
20 and over ..	1,833	1,520	313	1,562	1,280	282	271	240	31	1,400	1,142	258
Total ..	2,245	1,762	483	1,797	1,417	380	448	345	103	1,623	1,270	353

MO-II Bk Ra Cs 2—8

G—Sikh.

Age.	POPULATION.									LITERATE IN ENGLISH.		
	TOTAL.			LITERATE.			ILLITERATE.					
	Persons.	Males.	Females.	Persons.	Males.	Females.	Persons.	Males.	Females.	Persons.	Males.	Females.
1	2	3	4	5	6	7	8	9	10	11	12	13
0—5	2	1	1	..	..	..	2	1	1	..	..	..
5—10	1	..	1	..	..	..	1	..	1	..	..	..
10—15	1	..	1	..	..	..	1	..	1	..	..	..
15—20	..	..	..	..	..	..	..	..	..	..	..	..
20 and over ..	6	4	2	5	4	1	1	..	1	4	3	1
Total ..	10	5	5	5	4	1	5	1	4	4	3	1

H—Jew.

Age.	Persons.	Males.	Females.	Persons.	Males.	Females.	Persons.	Males.	Females.	Persons.	Males.	Females.
0—5	540	250	290	..	..	..	540	250	290	..	..	..
5—10	523	270	253	12	6	6	511	264	247	3	3	..
10—15	473	249	224	49	41	8	424	208	216	21	17	4
15—20	443	223	220	70	54	16	373	169	204	30	19	11
20 and over ..	2,172	1,143	1,029	514	465	49	1,658	678	980	185	152	33
Total ..	4,151	2,135	2,016	645	566	79	3,506	1,569	1,937	239	191	48

I—Buddhist.

Age.	Persons.	Males.	Females.	Persons.	Males.	Females.	Persons.	Males.	Females.	Persons.	Males.	Females.
0—5	2	1	1	..	..	..	2	1	1	..	..	..
5—10	6	6	..	..	..	..	6	6	..	..	..	..
10—15	4	3	1	1	1	..	3	2	1	..	..	..
15—20	9	9	..	6	6	..	3	3	..	6	6	..
20 and over ..	82	78	4	52	52	..	30	26	4	16	16	..
Total ..	103	97	6	59	59	..	44	38	6	22	22	..

IMPERIAL TABLE XV.

PART I—LANGUAGE.

PART I—

ADEN—

Language.	All Religions.			Hindu.			Muslim.			Jain.		
	Persons.	Males.	Females.	Persons.	Males.	Females.	Persons.	Males.	Females.	Persons.	Males.	Females.
1	2	3	4	5	6	7	8	9	10	11	12	13
Population	**51,478**	**32,345**	**19,133**	**1,585**	**1,021**	**564**	**42,838**	**26,953**	**15,885**	**201**	**124**	**77**
Group A. (Indian Languages) ..	**8,602**	**5,454**	**3,148**	**1,585**	**1,021**	**564**	**6,303**	**3,936**	**2,367**	**201**	**124**	**77**
Kanarese	21	17	4	7	4	3	2	1	1	..	..	..
Pashto	42	42	..	..	..	..	42	42	..	..	..	..
Balochi	2	2	..	..	..	..	2	2	..	..	..	..
Sindhi	4	3	1	..	..	..	4	3	1	..	..	..
Marathi	203	105	98	153	75	78	12	9	3	..	..	..
Konkani	205	171	34	11	6	5	126	116	10	..	..	..
Western Hindi ..	4,946	2,893	2,053	77	61	16	4,845	2,800	2,036	..	..	..
Punjabi	177	144	33	19	11	8	149	129	20	..	..	..
Gujarati	2,618	1,702	916	1,294	847	447	777	482	295	201	124	77
Tamil	18	14	4	12	9	3	2	2	..	..	..	..
Telugu	8	5	3	6	3	3	2	2	..	..	..	..
Bengali	356	354	2	6	5	1	339	338	1	..	..	..
Burmese	1	1	..	..	..	..	..	..	..	..	..	..
Sanskrit	1	1	..	..	..	..	..	..	..	..	..	..
Group B. (Asiatic Languages) ..	**36,330**	**22,815**	**13,515**	..	..	..	**32,151**	**20,617**	**11,534**	..	..	..
Arabic	33,483	21,272	12,211	..	..	..	32,081	20,572	11,509	..	..	..
Persian	50	33	17	..	..	..	50	33	17	..	..	..
Hebrew	2,671	1,396	1,275	..	..	..	4	2	2	..	..	..
Armenian	1	1	..	..	..	..	..	..	..	..	..	..
Singhalese	6	6	..	..	..	..	..	..	..	..	..	..
Turkish	13	9	4	..	..	..	12	8	4	..	..	..
Japanese	72	71	1	..	..	..	..	..	..	..	..	..
Malayan	2	..	2	..	..	..	2	..	2	..	..	..
Chinese	32	27	5	..	..	..	2	2	..	..	..	..
Group C. (European Languages) ..	**2,108**	**1,660**	**448**	..	..	..	**2**	**2**	..	..	..	..
English	1,490	1,184	306	..	..	..	1	1	..	..	..	..
Greek (Romaic) ..	83	55	28	..	..	..	..	..	..	..	..	..
Italian	189	177	12	..	..	..	..	..	..	..	..	..
French	14	5	9	..	..	..	..	..	..	..	..	..
Spanish	39	19	20	..	..	..	..	..	..	..	..	..
Portuguese ..	229	169	60	..	..	..	1	1	..	..	..	..
Dutch	12	7	5	..	..	..	..	..	..	..	..	..
Danish	2	..	2	..	..	..	..	..	..	..	..	..
Swedish	1	1	..	..	..	..	..	..	..	..	..	..
German	47	43	4	..	..	..	..	..	..	..	..	..
Russian	2	..	2	..	..	..	..	..	..	..	..	..
Group D. (African Languages) ..												
Somali	4,438	2,416	2,022	..	..	..	4,382	2,398	1,984	..	..	..

TABLE XV.

LANGUAGE.

All Religions.

Zoroastrian.			Christian.			Sikh.			Jew.			Buddhist.		
Persons.	Males.	Females.	Persons.	Males.	Females.	Persons.	Males.	Females.	Persons.	Males.	Females.	Persons.	Males.	Females.
14	15	16	17	18	19	20	21	22	23	24	25	26	27	28
345	248	97	2,245	1,762	483	10	5	5	4,151	2,135	2,016	103	97	6
345	248	97	119	98	21	10	5	5	38	21	17	1	1	..
..	..	..	12	12	..	..	..	..	..	..	..	..	..	..
..	..	..	..	..	..	..	..	..	..	..	..	..	..	..
..	..	..	..	..	..	..	..	..	..	..	..	..	..	..
..	..	..	..	..	..	..	..	..	..	..	..	..	..	..
..	..	..	..	..	..	..	..	..	38	21	17	..	..	..
..	..	..	68	49	19	..	..	..	..	..	..	..	..	..
..	..	..	23	22	1	1	1	..	..	..	..	..	..	..
..	..	..	..	..	..	9	4	5	..	..	..	..	..	..
345	248	97	1	1	..	..	..	..	..	..	..	..	..	..
..	..	..	3	2	1	..	..	..	..	..	..	..	..	..
..	..	..	..	..	..	..	..	..	..	..	..	..	..	..
..	..	..	11	11	..	..	..	..	..	..	..	..	..	..
..	..	..	..	..	..	..	..	..	..	..	..	1	1	..
..	..	..	1	1	..	..	..	..	..	..	..	..	..	..
..	..	..	10	10	..	..	..	..	4,067	2,092	1,975	102	96	6
..	..	..	2	2	..	..	..	..	1,400	698	702	..	..	..
..	..	..	..	..	..	..	..	..	..	..	..	..	..	..
..	..	..	..	..	..	..	..	..	2,667	1,394	1,273	..	..	..
..	..	..	1	1	..	..	..	..	..	..	..	..	..	..
..	..	..	..	..	..	..	..	..	..	..	..	6	6	..
..	..	..	1	1	..	..	..	..	..	..	..	..	..	..
..	..	..	..	..	..	..	..	..	..	..	..	72	71	1
..	..	..	..	..	..	..	..	..	..	..	..	..	..	..
..	..	..	6	6	..	..	..	..	..	..	..	24	19	5
..	..	..	2,060	1,636	424	..	..	..	46	22	24	..	..	..
..	..	..	1,486	1,182	304	..	..	..	3	1	2	..	..	..
..	..	..	83	55	28	..	..	..	..	..	..	..	..	..
..	..	..	186	175	11	..	..	..	3	2	1	..	..	..
..	..	..	14	5	9	..	..	..	..	..	..	..	..	..
..	..	..	..	..	..	..	..	..	39	19	20	..	..	..
..	..	..	228	168	60	..	..	..	..	..	..	..	..	..
..	..	..	12	7	5	..	..	..	..	..	..	..	..	..
..	..	..	2	..	2	..	..	..	..	..	..	..	..	..
..	..	..	1	1	..	..	..	..	..	..	..	..	..	..
..	..	..	47	43	4	..	..	..	..	..	..	..	..	..
..	..	..	1	..	1	..	..	..	1	..	1	..	..	..
..	..	..	56	18	38	..	..	..	..	..	..	..	..	..

TABLE XVI.

Religion.

	Population.			Hindu.			Muslim.			Jain.			Zoroastrian.		
—	Persons.	Males.	Females.	Persons.	Males.	Females.	Persons.	Males.	Females.	Persons.	Males.	Females.	Persons.	Males.	Females.
1	2	3	4	5	6	7	8	9	10	11	12	13	14	15	16
Aden ..	51,478	32,345	19,133	1,585	1,021	564	42,838	26,953	15,885	201	124	77	345	248	97

	Population.			Christian.			Sikh.			Jew.			Buddhist.		
—	Persons.	Males.	Females.	Persons.	Males.	Females.	Persons.	Males.	Females.	Persons.	Males.	Females.	Persons.	Males.	Females.
1	2	3	4	17	18	19	20	21	22	23	24	25	26	27	28
Aden ..	51,478	32,345	19,133	2,245	1,762	483	10	5	5	4,151	2,135	2,016	103	97	6

ADEN.

European and Allied Races and Anglo-Indians by Race and Age.

—	Total of European and Allied Races and Anglo-Indians.			A—European and Allied Races. British Subjects.																	
				All Ages.			0—13		14—16		17—23		24—33		34—43		44—53		54 and over.	
	Persons.	Males.	Females.	Persons.	Males.	Females.	Males.	Females.	Males.	Females.	Males.	Females.	Males.	Females.	Males.	Females.	Males.	Females.	Males.	Females.
1	2	3	4	5	6	7	8	9	10	11	12	13	14	15	16	17	18	19	20	21
Aden ..	1,649	1,367	282	1,218	1,027	191	37	37	9	3	334	12	370	64	162	57	72	14	25	4

Age unspecified—Males 18, Females Nil.

—	Total of European and Allied Races and Anglo-Indians.			A—European and Allied Races—contd. Others.																	
				All Ages.			0—13		14—16		17—23		24—33		34—43		44—53		54 and over.	
	Persons.	Males.	Females.	Persons.	Males.	Females.	Males.	Females.	Males.	Females.	Males.	Females.	Males.	Females.	Males.	Females.	Males.	Females.	Males.	Females.
1	2	3	4	22	23	24	25	26	27	28	29	30	31	32	33	34	35	36	37	38
Aden ..	1,649	1,367	282	379	303	76	22	14	5	1	38	10	102	25	71	15	47	9	16	2

Age unspecified—Males 2, Females Nil.

—	B—Anglo-Indians.																								
	All Ages.			0—3		4—6		7—13		14—16		17—19		20—29		30—39		40—49		50—59		60—69		70 and over.	
	Persons.	Males.	Females.	Males.	Females.	Males.	Females.	Males.	Females.	Males.	Females.	Males.	Females.	Males.	Females.	Males.	Females.	Males.	Females.	Males.	Females.	Males.	Females.	Males.	Females.
1	2	3	4	5	6	7	8	9	10	11	12	13	14	15	16	17	18	19	20	21	22	23	24	25	26
Aden ..	52	37	15	5	3	3	2	3	1	..	..	1	..	8	4	9	1	3	3	5	..	..	1	..	..

TABLE XX

ADEN.

SUMMARY FIGURES FOR DISTRICTS.

District or State.	Area in square miles.	Population 1931.			Population 1921.	Percentage of Variation		Number of persons per square mile in		Distribution by Religion.			
										Hindu.		Muslim.	
		Persons.	Males.	Females.		1921—1931	1911—1921	1931	1921	Males.	Females.	Males.	Females.
1	2	3	4	5	6	7	8	9	10	11	12	13	14
Aden ..	80	51,478	32,345	19,133	56,500	−9	+22	643	706	1,021	564	26,953	15,885

District or State.	Area in square miles.	Distribution by Religion—contd.											
		Jain.		Zoroastrian.		Christian.		Jew.		Sikh.		Buddhist.	
		Males.	Females.	Males.	Females.	Males.	Females.	Males.	Females.	Males.	Females.	Males.	Females.
1	2	15	16	17	18	19	20	21	22	23	24	25	26
Aden ..	80	124	77	248	97	1,762	483	2,135	2,016	5	5	97	6

CENSUS OF INDIA, 1931

VOLUME VIII—PART IV

BOMBAY PRESIDENCY

ADMINISTRATIVE REPORT

BY

A. H. DRACUP, Esq., B.A. (Cantab.), P.C.S.
and
H. T. SORLEY, Esq., M.A., I.C.S.
SUPERINTENDENTS OF CENSUS OPERATIONS
BOMBAY PRESIDENCY

BOMBAY
PRINTED AT THE GOVERNMENT CENTRAL PRESS
1933

TABLE OF CONTENTS

ADMINISTRATIVE REPORT

CHAPTER I—SUPERINTENDENCE.

I took charge at Bombay on 9th April 1930. Although my headquarters had been fixed at Poona, it was necessary for me to remain in Bombay until

(*a*) I had extracted, examined and packed the 1921 records, which were stored in the Secretariat Record building.
(*b*) An office staff was appointed.
(*c*) Stationery was obtained.
(*d*) Office accommodation and a residential building in Poona were secured.

The delay caused in making these arrangements resulted in the postponement of my departure from Bombay to Poona until the 30th April 1930.

2. I would invite attention to the remarks of my predecessor in regard to the advisibility of making previous arrangements for an office building and also for a residence for the Superintendent. On this occasion, after applying in vain to the Commissioner, Central Division, and to the various Executive Engineers who control office accommodation in Poona, I was required to hunt round and ultimately secured a bungalow in Kirkee whose chief recommendation was its proximity to the Kirkee Post Office. I was quite unable to obtain any office building for a rent of Rs. 75 per mensem, which was the limit of my budget allotment, and was therefore forced, after securing the approval of Government, to locate my office in the fairly spacious but rather dilapidated building which I had secured as a private residence. Its distance from Poona City was a decided disadvantage and caused some hardship to my office staff, who necessarily were required for the first few months to work late hours.

I also endorse his recommendation, that an arrangement should be made in advance to collect for the use of the Census Office copies of the Civil Service Regulations, Civil Account Code, Civil List and Desk Diary. The first two publications were out of print and much inconvenience was caused by the necessity for paying frequent visits to the office of the Huzur Deputy Collector, to consult these books of reference. I also venture to suggest that instructions be given in advance to supply to the Superintendent, with effect from the date of his appointment, the following publications :—

(1) *Bombay Government Gazette.*
(2) Distribution list of Revenue Officers.
(3) *Labour Gazette.*
(4) *Sind Gazette.*

I would also advise my successor in office to take action as soon as he is warned for the appointment to select a Head Clerk, in order that the latter may join his appointment simultaneously with the Superintendent, as the worry caused by arranging for the packing and loading of records, selection of clerks and peons, indenting for stationery and the necessity of keeping an exact account of disbursements of petty sums and procuring and preserving receipts for such items as coolie hire, carts to the station etc. is considerable if attempted single-handed.

3. The statement below gives the details of the Staff recruited for the office of the Provincial Superintendent :—

No.	Designation.	Date of appointment.	Salary.	Allowances.	Remarks.
1	Head Clerk ..	3rd May 1930 ..	Rs. 250—10—300	Poona compensatory allowance at Rs. 35 per mensem.	Permanent Government servant (Mamlatdar of Taloda).

No.	Designation.	Date of appointment.	Salary.	Allowances.	Remarks.
			Rs.		
1	Accountant ..	1st November 1930.	60	....	Pay raised to Rs. 75 per mensem from 1st March 1931 and to Rs. 80 per mensem from 1st April 1932.
1	Typist ..	3rd May 1930 ..	40	....	Pay raised to Rs. 60 per mensem from 1st March 1931 and to Rs. 65 from 1st April 1932.
1	Clerk ..	12th May 1930 ..	40	....	Pay raised to Rs. 50 from 1st March 1931 and to Rs. 55 from 1st April 1932.
1	Clerk (Record) ..	3rd May 1930 ..	40	....	Raised to Rs. 45 per mensem from 1st April 1932.
1	Peon ..	9th April 1930 ..	20	....	Pay reduced to Rs. 16 per mensem from 16th November 1931.
1	Peon ..	25th April 1930 ..	18	....	Pay reduced to Rs. 16 per mensem from 7th July 1931.
1	Peon ..	8th May 1931 ..	14	....	....

I experienced considerable difficulty in securing a Head Clerk. The pay originally sanctioned was Rs. 220—10—300. Many persons to whom I offered the post declined to accept it and ultimately it was necessary to obtain sanction for the revision of the pay to the scale of Rs. 250—10—300. In consequence the head clerk eventually appointed did not join till the 3rd May 1930.

I cannot assert that it has proved impossible to conduct the office with but one permanent Government servant, viz. the Head Clerk, but at the beginning, the work would undoubtedly be carried out more efficiently, if the budget allotment enabled the appointment of at least two trained hands, and in order to secure this facility it is imperative that provision should be made for one clerk on a salary of at least Rs. 60 per mensem. One of the most important duties at the commencement of the operations is the preparation of estimates for paper, forms, registers, etc. and the presence of a clerk with some knowledge of the structure of the administrative machine would be very helpful. I suggest therefore that in future, the budget provision for the office staff should enable the appointment of the following members :—

(1) Head Clerk of at least the rank of Acting Mamlatdar.

(2) 1 Clerk on a salary of Rs. 60—5—70.

(3) 1 Clerk on a salary of Rs. 45—5—50.

(4) 1 Typist on a salary of Rs. 55—5—60.

(5) 1 Accountant on a salary of Rs. 75—5—80.

(6) 1 Naik and 2 peons on a rate of pay based on the scale current in the district fixed at the headquarters of the Census Office.

In order to offer some inducement to an Acting Mamlatdar to accept the post, it is essential that the salary offered should compensate him for the extra expenditure incurred in migrating from a taluka town to a big city, with the consequent increase in the cost of living.

It is important also to select for the post of the Head Clerk an individual capable of controlling the office and taking minor decisions during the frequent and sometimes extended absences of the Superintendent on tour.

On the occasion of a visit to the Sind districts, I was absent from my headquarters for nearly a month and unless the head clerk is able to deal intelligently with the daily post, valuable time can be lost.

4. The method of recording correspondence followed in 1921 was again adopted, the Compilations being as follows :—

(1) *Supt.*—All questions relating to the Provincial Superintendent's Office, Staff etc.,

(2) *Enmn.*—All questions relating to the details of the taking of the census in the districts, provision of forms etc.,

(3) *Abst.*—All questions relating to the Abstraction Offices etc.,

(4) *Rept.*—All statistical and academic questions for discussion in the report and form of the report etc.,

(5) *Ethn.*—All questions relating to caste, language and religion etc.,

(6) *Tour.*—All questions relating to the tours of the Provincial Superintendent,

(7) *Comp.*—All matters relating to the Central Compilation Office.

Correspondence relating to Aden was distinguished by the addition of the word Aden to the quadrilateral abbreviations representing the various compilations mentioned above. Each case, and not each letter, was given a serial number, the numbering being continuous throughout the course of the operations and independent of the calendar year. A simple list of numbers and titles was kept for each compilation.

5. *Touring.*—Touring should, I think, be conducted from two points of view :—

(*a*) The necessity of selecting as early as possible the sites of Abstraction Offices.

(*b*) For the purposes of instruction and inspection.

The area to be covered is so vast, that it is not possible to do more than visit the headquarters town of the principal census units. On this occasion, the total number of units was as follows :—

(*i*) British Districts 28.

(*ii*) Bombay States and Agencies 36.

(*iii*) Western India States and Agencies 21.

At the outset I was inclined to believe that the value of visits for instructional purposes would be small, in view of the fact that the Census Code contains all necessary information ; but actual experience led me at an early stage to modify this opinion.

The truth is that the only persons who read the code and other census literature with any degree of attention are the Charge Superintendents and, speaking generally, their capacity for misinterpretation is unlimited. In consequence I adopted the method of assembling a group of Mamlatdars and other Charge Superintendents, at more or less convenient centres, and discussed the various columns in the general schedules in detail.

The opportunities thus afforded for the consideration of local problems were useful to me, and this process had at least the advantage of securing uniformity in the collection of information.

In the main, inspection was carried out on my way from one centre to another, but the facilities for doing so are not appreciable, because it is not always possible to intimate arrival at a village beforehand, with the result that, as often as not, the enumerator in charge of the village was not procurable.

Nevertheless, I consider that attempts should be made to inspect the work of the enumerators, as frequently a few minutes' conversation will do more to remedy defective methods, about to be employed, than a whole sheaf of circulars. I did a considerable amount of my touring by motor car, and I would recommend this procedure, as it enables visits to areas quite inaccessible by railway. On the other hand it increases enormously the amount of fatigue involved in touring.

It is for the reason given above that I hesitate to support the recommendation of my predecessor in office, for the supply of a private railway saloon car, over all railway systems, to the Provincial Superintendent.

But I agree that a private saloon car is wanted for a tour of the Sind districts. At present it is quite impossible to do more than spend a few days at each district headquarters town and visits from these towns into the interior would consume more time than can be spared. With a saloon car, halts could be made *en route* at wayside stations and this would enable the Provincial Superintendent to obtain information on the interior of Sind at first hand. The lack of such information is one of the defects of the whole series of the Census reports of this Presidency. Moreover visits for instructional purposes appear to be needed in Sind more than elsewhere in the Presidency owing to the noticeable lack of interest displayed by the local superior officers in Census proceedings. I am almost disposed to suggest that if Sind remains a part of the Presidency in 1941, a post of Assistant Superintendent of Census should be created in Sind for a period of about four months. The officer selected should be of the rank of a Deputy or Assistant Collector and one who is familiar with conditions in Sind. The duties of this officer would be to tour the districts mainly for instructional purposes, to prepare caste indexes, and to draft notes for incorporation in the General Report on such subjects as :—

(*i*) Migration, both seasonal and permanent.

(*ii*) Increase in the population due to special causes.

(*iii*) Disproportion of sexes.

(*iv*) Bilingualism.

(*v*) Borderland sects.

I regret to say that the information I have been able to procure on these subjects is far too sketchy for incorporation in the General Report and this failure is due simply to the inability to spend the time necessary to study the facts on the spot. I attempted to procure information from the local officers but they also were unable to spare time for the collection of concrete facts and figures and analysis or deduction on any other basis is liable to be either faulty or misleading.

The Sind officer would need at the most a single clerk and two peons and the total cost would hardly exceed Rs. 3,500, an expenditure which would be well worth while. The post should be timed to terminate just before the period of preliminary enumeration commences and it should be clearly understood that the appointment of this officer should not be taken as relieving the district census establishment of any of its present duties or responsibilities.

CHAPTER II—ENUMERATION.

Our present system of organisation envisages the creation of District and Municipal and State Census Officers who are placed in charge of the major Census units and it is with these officers alone that the Provincial Superintendent communicates direct. The practice is to appoint as the District Census Officer, the local administrative or executive head of a District or Municipality or State or group of States as the case may be and even with this restriction, the number of addressees in the case of general letters, circulars etc. was as under :—

(*a*) British Districts	.. .. ..	80
(*b*) Bombay States and Agencies	.. ..	36
(*c*) Western India States Agency	.. ..	27
(*d*) Aden	.. ..	1
	Total ..	144

It was inevitable in dealing with so large a number of Officers, that a certain percentage should be found which felt the Census and all its works to be in the nature of an imposition and a source of irritation and which regarded the unavoidable shower of Census literature as an unmitigated nuisance. In 1930 there were very few officials in positions of administrative responsibility whose normal duties had not been appreciably increased by the political excitement which pervaded the country and there was no lack of evidence that in some cases the strain was beginning to tell. It was to be expected therefore that the Census Department would not receive as much assistance from the local officers as would ordinarily be forthcoming. Very few Collectors were able to spare the time to attend even a single meeting organised for Instructional purposes. In a certain case, my request for the assembly for a few hours only, of a few Mamlatdars at a centre and time to be selected by the Collector at his discretion received a negative reply with the somewhat crushing observation that my demand indicated that I was apparently unaware that a revolution was in progress. On the whole however, I received as much assistance as could reasonably be expected from the majority of District Census Officers and I am most grateful to several Collectors for the special sympathy which they showed towards me. Ordinarily Commissioners of Divisions do not concern themselves with the details of Census organisation, but on this occasion they kept a watchful eye on proceedings and indeed, had it not been for the decisive action of the Commissioner, Northern Division, at a critical moment, the Census in Gujarat would have been a failure and would probably not have been taken at all in the city of Broach and in many other towns in Gujarat. The average Municipal Census Officer was under the impression, which in most cases he was careful to keep to himself, that it was unlikely that the Census would be taken according to schedule and the prevalence of this feeling imparted a certain languor to the conduct of the preliminary operations in urban areas. In the States and Agencies the work was tackled vigorously and with the determination which ensures success.

It has been shown elsewhere, that the population enumerated at this Census has been the highest ever recorded and the decennial increase also has proved to be the greatest since 1891 and this recorded population has been enumerated in the face of difficulties, considerably greater than those ever before experienced. not only because the extent of assistance forthcoming from non-official agency was less than formerly, but also on account of the apathy of the general public and lack of good will on the part of certain sections of the community. It is no exaggeration to say that this creditable state of affairs, was due almost entirely to the admirable manner in which the subordinate Revenue establishment responded to the needs of the situation. The heaviest burden fell upon the Mamlatdars and the Circle Inspectors and the Talathis and, generally speaking, the way in which they rose to the occasion is beyond all praise.

The precise arrangement adopted was as follows :—

The District was divided up into Charges, the Charge into Circles and Circles into Blocks. As a rule a Charge consisted of a Taluka, or Mahal under the control of the Mamlatdar or Mahalkari who was appointed Charge Superintendent.

It was the duty of this Officer to form his Charge into Circles and Blocks and to find the necessary personnel to perform the duties of Supervisor and Enumerator. The only reliable Agency at his command was the subordinate revenue establishment, and such of the primary school teachers as the Educational Department could spare. The District Local Board, and Municipalities also co-operated by placing the services of their school teachers at the disposal of the Charge Superintendent and very effective indeed was the help rendered by these men. Nevertheless Charge Superintendents were subjected to much anxiety, lest an unwilling individual to whom a certain area was allotted, and there were many such among the District Local Board and Municipal school teachers, should for one reason or another, fail to perform the duties entrusted to him.

I agree with the statement of Mr. Sedgwick that " there is no possibility of removing the Charge Superintendence from the shoulders of the Mamlatdar, who is obviously far the best agency for the work ".

Mr. Sedgwick, however, writing in 1922 was of opinion that " the whole question of system and agency ought to be carefully thought out before the next Census". He pointed out that the system hitherto followed " is based on an ideal state in which an adequate number of volunteers are ready and willing to come forward gratis and in which all ranks from Charge Superintendent to Enumerator, are willing to sit in Circles patiently learning the rules and taking notes for future guidance". He noted that in 1921 (*a*) the number of volunteers was insufficient, (*b*) the supervision staff failed and (*c*) the instructions were insufficiently imparted and inadequately mastered and he hazarded the observation that the shortage of volunteers would recur in 1931 even if there were no political complications, " since people are no longer willing to spare the necessary time or to perform arduous duties for nothing". His anticipations have been realised in every single particular and the only reasons why the Census was carried out effectively in 1931, were (*i*) that the reserve of strength in our revenue system was not sufficiently realised and (*ii*) the political agitation did not penetrate the masses. The astonishing way in which the village officials were still able to handle the people, in spite of persistent and determined propaganda on the part of the promoters of the Civil Disobedience Movement, was a revelation to me and I think to everybody else in close touch with the situation. If information could not be got in one way, it was got in another. In theory, the orbit of an Enumerator was a single block of some 40—50 houses, the duty of the Enumerator being to procure the details of the residents of his particular block ; in fact, the unfortunate talathi or tapedar was more often than not called upon during the preliminary enumeration, to take the tally of the entire population of his Saza consisting of from one to five or six villages, the official enumerator merely checking the details recorded by the talathi. From time to time I subjected the work of these talathis and tapedars to as severe a test as I could, and I was amazed at the high level of accuracy. The mistakes that were made, were due generally to the fact that the talathi himself had not clearly understood what item of information precisely was wanted, but the percentage of omissions was negligible. Whether the individual in question was an alleged Non-Co-operator or not the details of his household as regards number, sex, infirmities, religion, caste, literacy and occupation were almost always forthcoming. Ages were not so accurately entered, but in India to-day, a panel of doctors would be liable to an absurdly high percentage of error in recording ages.

Inaccuracies in regard to caste entries were due not to the inability to procure the correct information, but to the inability to realise what the correct entry should be. Similarly the correct classification of working and non-working dependents was the result of the inability of the talathi and even the higher Census Officials, to appreciate the necessity of nice distinctions, and this in turn was really due to lack of instruction. Whether the conditions that prevailed on this occasion will still be in existence in 1941, it is impossible to say, but I do not think the time is far distant when the present system of taking the Census by unpaid agency will have to be abandoned.

Assuming no drastic revision of the existing administrative machinery, I imagine that the most efficient agency would be to continue to utilise the services of the village officers, but I would give each talathi one or two paid assistants. The village school master is useful in his own village or in familiar surroundings, but he is not too reliable if employed elsewhere. The remarks made above apply of course to rural areas :—In Municipal limits, the only possible course is to utilise Municipal agency, but if some system of regular inspection could be devised at a reasonable cost, the benefits would be visible. My own experience is, that enumeration was most faulty in such areas and that this is due to lack of organisation and inadequate supervision. The staff of the average Municipality in this Presidency has rarely been conspicuous for devotion to duty or for the possession of a sense of *esprit de corps* nor speaking generally has the supervising element reached a high standard and it is not difficult to imagine how easily lack of coordination in effort must result in slipshod work in connection with so irritating a task as the collection of Census information. The difficulty is that Municipal bodies are so sensitive to criticism, no matter how temperately it is conveyed, and so zealous of their comparatively newly obtained privileges, that often mild expostulation, no matter how much it is needed, does more harm than good. For inspection to be effective, statutory enactment is necessary and perhaps on further examination it will prove to be possible to insert a provision in the Census Act, enabling the Collector of the District to exercise a more direct or at any rate a more effective control over Census Operations in urban areas than is now the case in practice.

As regards the Bombay States and Agencies, I acted on the suggestion made by Mr. Sedgwick and with the consent of the Political Agents concerned corresponded direct with the various States, except in the cases of the group of States, comprising the Mahi Kantha Agency (less Idar), Banas-Kantha and the Western and Eastern Kathiawar Agencies. The arrangements worked smoothly and no special difficulties were experienced. With the exception of Danta State, the various Durbars put their hearts into the work, and though occasionally there were manifestations of impatience at what was regarded as undue prolongation of the operations, due to lack of realisation of the fact that a stage which could be completed in a few days in a State with a population of a few thousands, required perhaps a month, in British Districts with a population of several millions, on the whole, relations were very cordial and the standard of enumeration throughout States well up to the average in British territory.

The system laid down for the enumeration of persons within railway limits is good and there is no reason why it should not work well, but actually the General Schedules filled in by the Railway staff who were entrusted with the duties of enumeration, were not well done. Again the cause was lack of instruction. With the co-operation of the Railway Census Officers appointed for the control of Operations over the G.I.P. Railway I gathered together a large number of the railway staff who were scheduled to do duty on the night of the Census Count and explained to them in detail, item by item, what was required, but unfortunately it is quite impossible for the Superintendent in person to carry out these instructional courses on a sufficiently large scale, so as to effect contact with all the enumerators on all the Stations, over all the Railway systems in the Presidency, and unhappily the efforts of the higher railway officials are confined to the dissemination of the pamphlets and Circulars issued by the Census Officers, generally unread. The Station Master is expected to peruse this literature and tutor his subordinates accordingly but since the mental capacity of this class, is generally well below that of the average Mamlatdar, and their sense of responsibility, at least in regard to Census duties, is infinitely lower, the output of these gentlemen was marked by all the varying degrees of error, that carelessness permits, inertia induces and stupidity creates. I inspected three railway stations on the night of the 26th February, one of the largest in the Presidency and two wayside stations ; at one of the latter there was nobody on duty at 8-45 p.m. though the barriers should have been guarded from 7 p. m. ; at the other, the Station Master had made entries which contained only trifling inaccuracies ; at the large Station which I reached about 9-30 p. m. to my horror, I observed the gate-keepers allowing a stream of passengers, who had just descended from a mail train from Southern India, to depart without hindrance. On enquiring why this was being done, I was informed that it was thought that only passengers entering but not leaving Station limits, were to be enumerated. As a consequence, in the case of this particular station not less than 30 to 40 persons escaped enumeration. It is of course possible that they were enumerated in the town but in view of the lateness of the hour, doubtful. I advise my successor in Office in 1941, to draw up a list of " Don'ts " on a small piece of paper and circulate this among the railway staff. If he can devise a method of interesting not the highest, but the higher railway officials in Census work and that is the only possible way of ensuring that the rank and file receive adequate instruction in their duties, he will deserve to be congratulated.

As in 1921, Cantonments were divided into two portions viz. (*a*) Civil limits, (2) Military limits. The work in the former area was performed by the Cantonment staff.

The enumeration of the purely Military population was done by personnel selected by the local Military authorities. It is important that the respective spheres of Military and Civil limits should be clearly defined in order to avoid overlapping and omissions, but provided the necessity for care on this point is emphasized in personal conversation with the Military and Civil Cantonment authorities, these officials can be left to arrange matters between them. Vessels belonging to the Royal Navy and the Royal Indian Marine and the R. I. M. Dockyard, were enumerated by the Officer Commanding these two services. The enumeration of the Port population was carried out by the Custom authorities under the general direction of the local Census authorities, while the following arrangements were made to record the population of coasting Steamers :—

(*a*) A list of the various Companies engaged in this traffic was drawn up.

(*b*) Each Company was addressed with a view to ascertain how many vessels it possessed, the number likely to be at sea, i.e. not in harbour, on the day of the Census Count and the average number of passengers carried.

(*c*) The necessary forms, registers etc., together with a pamphlet of instructions was then sent to the Head Office with the request that the Masters of each vessel should be supplied with the documents necessary.

These operations are conducted direct and not through the intervention of the Local District or Municipal authorities and the statement below gives the details of the forms supplied to each Company. It is not easy to estimate the standard of precision of the enumeration of persons at sea, but it is likely that the degree of inaccuracy if any, is a constant factor which recurs at each Census.

The statement below shows the number of forms etc., supplied for the enumeration of persons on coasting passenger Steamers :—

Serial No.	Name of Steamship Company	Number of vessels	General Schedules	Covers	Travellers Tickets	Household Schedules	Instructions of — to Master of Vessels	Appendices to Bombay Census Code, Chapters IV to VI
1	British India Steam Navigation Company ..	125	1,600	30	2,000	300	30	30
2	The Bombay Steam Navigation Company ..	19	1,325	40	2,000	200	25	20
3	The Scindia Steam Navigation Company ..	10	100	25	100	10	15	15
4	The Merchant Steam Navigation Company .	2	10	5	25	10	4	4
5	The New Bombay Steamships ..	2	10	4	15	5	4	4
6	The Mallear Steamship Company ..	2	15	4	15	10	3	3
7	The Indian Co-operative Navigation and Trading Company.	1	125	10	250	40	5	5
8	The Eastern Steam Navigation Company ..	1	10	2	15	5	2	2
9	Messrs. R. Asaria and Company ..	1	5	2	..	..	2	1
10	Messrs. Lalji Naranji and Company ..	1	5	2	5	..	2	2

There are always areas in which, owing to special difficulties, it is not possible to arrange to enumerate the population within the usual time, viz. from 7 p.m. to midnight on the night fixed for the final Count and for which therefore, special arrangements have to be made. Such tracts are termed non-synchronous tracts.

Owing to the reluctance displayed by the general public to perform honorary work, there was everywhere a paucity of enumerators and in consequence the number of non-synchronous tracts on this occasion was greater than in 1921.

Their number, the areas involved, and the actual procedure followed to effect enumeration in each case, is specified below :—

Statement showing the Non-synchronous Tracts—1931

Procedure followed	Non-synchronous Tracts	Remarks
1	2	3
*(1) Final check on the morning of 27th February 1931.	(1) *West Khandesh*— Nawapur Petha and the villages of 5 Mewasi Estates.	*Government Resolution No. 7334, dated 17th October 1930.
	(2) *Nasik* †— Peint Taluka except .. .. 23 villages. Kalwan Taluka .. .. 61 do. Surgana State .. .. 58 do.	†Final check for Peint Taluka dispensed with by Government Resolution No. 7334, dated 30th January 1931.
	(3) *Thana*— 20 villages of Mokhada Petha.	
	(4) *Upper Sind Frontier*— Kohistan of Shahadadpur Taluka.	
*(2) Final check on the afternoon of 26th February 1931.	(1) *Kanara* .. .. .. 120 villages. Ankola .. .. .. 30 do. Kumta .. .. .. 33 do. Honavar .. .. .. 12 do. Sirsi .. .. .. 27 do. Bhatkal .. .. .. 1 village Yellapur .. .. .. 9 villages Supa .. .. .. 8 do.	*Government Resolution No. 7334, dated 17th October 1930.
	(2) *Panch Mahals*— Rewa Kantha and Rajpipla States .. 528 villages.	
	(3) *Larkana*— Taluka Kambar. Hilly Tract in the Ghaibidero Jagir. Taluka Sehwan .. .. .. 5 Dehs. Taluka Johi .. .. .. 6 do. (having 8 Makans). Taluka Kaker .. .. .. 8 do. Taluka Warah .. .. .. 5 do. Taluka Mehar .. .. .. 3 do.	
	(4) *Surat Agency*— Bansda (the whole State except 22 villages) and the whole of Dharampur.	
	(5) *Thar and Parkar*— Sanghar Taluka .. .. .. 21 villages. Khipro Taluka .. .. .. 2 do.	
	(6) *Mahikantha Agency*— Villages inhabited by Bhils from the States of Idar, Vijayanagar (Polo) and Danta.	
	(7) *East Khandesh*— Rawer Taluka .. .. .. 7 villages. Yawal Taluka .. .. .. 6 do. Chopda Taluka .. .. .. 8 do.	
*(3) Final check over two days from morning of 25th to afternoon of 26th February 1931.	(1) *Cutch*— Banni State. Sirgandho Tapoo.	*Government Resolution No. 7334, dated 17th October 1930.

Procedure followed 1	Non-synchronous Tracts 2	Remarks 3
*(4) Final check spread over two days commencing the morning of the 26th February 1931 and ending afternoon of the 27th February 1931.	(1) *Karachi*— (*i*) Kohistan of Karachi Taluka. (*ii*) Kohistan of Tatta. (*iii*) Delta of Mirpur Sakro. (*iv*) Sea coast Dehs of Ghorabari Taluka. (*v*) Sea coast Dehs of Shahabunder Taluka. (*vi*) Desert of Johi. (*vii*) Hill part of Kotri Taluka. (*viii*) Kohistan Mahal. (*ix*) Manjhand Mahal. (2) *Surat Agency*— Dangs .. .. .. 222 villages.	*Government Resolution No. 7334, dated 17th October 1930.
*(5) Final check dispensed with altogether.	(1) *West Khandesh*— Akrani Peth and Kathi Estate.	*Government Resolution No. 7334, dated 17th February 1930.
Preliminary enumeration commenced on 15th February and completed by 26th February 1931.	(2) *Sukkur*— Registan of Rohri. Mirpur Mathelo and Ubauro. (3) *Khairpur State*— Nira Taluka (whole). (4) *Poona District*— All villages of Mulshi Petha except Paud. (5) *Hyderabad (Sind)*— Badin Taluka. *Deh.* — *Village.* Kadhan .. Singhari Dhani, Dino Jat. Siatri .. Scattered Houses of Mehranpotas. Walhari .. Pir Allahdinoshah. Khudir .. Scattered Houses of Lunds and Khaskhelis. Thath .. Scattered Houses of Lunds. Pateji .. Ahmed Shaikh. Scattered Houses of Shaikh. Kidhri .. Mohammad Notkani. Nithi .. Ajij Fakir, Sobho Lund, Faridkhan Notkani Mithan Gulsher. Sahta .. Sunharo Sethiar. Kumbhrina .. Alu Nuhrio. (6) *Nasik*†— Peint Taluka.	†Government Resolution No. 7334, dated 30th January 1931.
(6) Final check from 6 a.m. to 6 p.m. on the Census day i.e., 26th February 1931.	(1) *Satara District**— Patan Taluka .. .. .. 75 villages. Shirala Petha .. .. .. 20 do. (2) *Kanara District*— Kumpta Taluka .. .. .. 6 villages. Yellapur Taluka .. .. .. 38 do. Haliyal Taluka .. .. .. 3 do. Honavar Taluka .. .. .. 14 do. Sirsi Taluka .. .. .. 35 do. Supa Petha .. .. .. 2 do.	*Government Resolution No. 7334, dated 18th December 1930.

As in 1921, throughout an area of some 150 square miles in Danta State, no regular enumeration was carried out at all. This tract is peopled by Dungri Bhils. In 1921 the State authorities at least intimated in advance that actual enumeration was not being undertaken, but on this occasion they furnished no information at all and apparently even the Political Agent, Mahikantha Agency, was ignorant till after the event that enumeration had not taken place. The Dewan of the State subsequently communicated the information that the number of houses in this area of 150 square miles was 1,598 and that the total number of persons occupying these houses was 8,165. In 1921 Mr. Sedgwick's protestations induced the then Dewan to prepare General Schedules, into which it was alleged the requisite information had been subsequently entered. Mr. Sedgwick's comment on this transaction was "to put it bluntly but yet correctly, the Census of the Dungri Bhils of this State was faked".

I made no attempt to insist upon the supply of data, which could only have been procured by the methods which received Mr. Sedgwick's condemnation and thus the only useful information available about the Dungri Bhils in this State is that they number 8,165. The information so far as it goes is probably entirely accurate. I have for the purpose of sex arbitrarily divided this population into 4,000 males and 4,165 females and for language classed them as speaking Bhili, but this is the sole extent to which I have attempted to include in the Tables figures for which there is not complete justification.

Estimating.

This is a particularly troublesome and tedious duty and the inherent difficulties of the task are enhanced by the existence of unknown equations, viz. the extent to which the population has increased, the degree of care given to receipts by the various recipients, the loss in transit by road and rail and sea, the wastage resulting from bad packing and faulty distribution. The method I adopted was as follows:—

I took the figures of actual population in 1921, I then worked out the number of forms required, and added 10 per cent. to represent increase and asked the Superintendent, Government Printing and Stationery, Bombay, to calculate the amount of paper required. This amount was ordered forthwith to avoid delay in manufacture. As soon as the number of houses as entered in the village and Town Registers became available, the probable population was ascertained more closely. The event proved that the total increase in the population was nearly 14 per cent. and since 10 per cent. out of the 14 per cent. had already been ordered. there was no difficulty in obtaining the balance and supplying the Press with the paper needed in time. In one respect only viz. Travellers' Tickets was the quantity ordered and printed excessive and this was due to the fact that the use made of these tickets on this occasion was much less than formerly. All the paper required for the various forms and registers save those mentioned below was obtained from the Deccan Paper Mills, Hadapser, Poona District—

(*i*) All forms of Compilation Registers, which were received from Calcutta.
(*ii*) Forms of Household Schedules. } These were printed at a private
(*iii*) Unemployment Schedules. } press.

This firm was prompt in delivery and most obliging in many little ways. Moreover the quality of paper supplied was entirely satisfactory and the rates arranged were favourable and well within the scale approved by the Census Commissioner. Owing to the proximity of the Mills to the main Printing Presses viz. the Central Press in Bombay and the Yeravda Press at Poona, there was little delay and it was possible to dispense with margin. To insist on the supply of Census material from a Mill or Press in Northern India is uneconomic, as transport charges are very high. In respect of stationery also, I would recommend that the rule that all Government of India Offices should procure their requirements from Calcutta or Delhi, should be waived in respect of Census Offices. It is simpler and cheaper to obtain supplies from the Stationery Office, Bombay. On a single consignment of stationery from Calcutta costing Rs. 155-13-0 the transit charges by railway amounted to Rs. 67-2-0.

The paper for the slips also was obtained from the Deccan Paper Mills and since these Slips were printed at the Photozinco Press of the Government of Bombay situated at Poona and within 5 miles of Hadapser, the cost of preparation of these slips was very moderate. I suggest that the time has come to consider whether the existing system could not be bettered.

At present slips are printed in different colours to represent the different religions. Since one slip is required for each person, it is necessary to print as many slips as there are persons and since the slips are distributed among several offices, and it is impossible to discover beforehand how many persons of each main religion will be dealt with at any one office and the inevitable wastage at the time of slip copying is not inconsiderable, the total number of slips wanted is very large.

On this occasion slips were printed as follows :—

Printing	Hindu	Muham-madan	Jain	Zoroastrian	Christian	Tribal and Others
First Printing ..	.. 23.250,000	5,169,000	553,000	155,000	319,000	205,500
Second Printing ..	.. 1,141,540	961,275	266,185	....	56,275	51,700
Third Printing ..	.. 450,000	750,000	....	....	....	47,000
Total	.. 24,841,540	6,880,275	819,185	155,000	375,275	304,200

Since the colours of the main religions can suitably be prescribed for all India. it would be more economical if these slips were printed at three or four suitable centres and indents from the various Provinces made on one of these printing centres. By this method the margin required to meet unexpected increases in the population can be reduced and presumably printing costs would be less as the bulk would be greater. On this occasion apart from the paper, the printing cost rupee one per 9,200 slips and I gathered from the Manager of the Photozinco Press, Poona, that, for an order of 100 million slips, the cost would be rupee one per 15,000 slips. For instance, there would appear no reason why slips for this Presidency, the Western India States Agency and the Central Provinces could not be printed at a single Press. The documents are small and light and can be easily packed and therefore transport charges would not be high. I had these slips packed in boxes of 200,000, but I would advise my successor to prepare boxes to hold 100,000 only. Unlined deal-wood packing cases holding as many as 200,000 are apt to break if subjected to rough handling in transit and this is inevitable if the mode of transit is by " Goods Train ".

Baroda State introduced striking innovations by eliminating the General Schedule and the process of slip-copying ; instead cardboard slips were prepared in booklet form and these slips were entered up at the time of preliminary enumeration and checked in the usual way on the day of the count. If a person for whom a slip had been prepared, was absent at the time of final enumeration from the block in which he was originally enumerated, the slip was cancelled and destroyed. Similarly slips were prepared for new arrivals. After the enumeration process had been completed, these slips were despatched to the Abstraction Offices and the process of sorting began at once. It will be seen that this new system aims at eliminating the cost of—

(1) The printing of the General Schedule.
(2) The printing of slips.
(3) The expenditure on slip copying.

The approximate expenditure on these three items on this occasion for the Bombay Presidency including the Western India States Agency has been Rs. 149,140. On the other hand cardboard slips of sufficient toughness to stand the processes of preliminary enumeration and sorting, need to be of good quality and will therefore cost at least treble the sum now spent on the slips. But when the large sums disbursed on the printing of the General Schedules and the total cost of slip-copying are taken into consideration, there is little doubt that there will be an appreciable saving. The main point for consideration is whether arrangements can be devised to ensure that the entries on the slips prepared once and for all by the enumerator, will be written neatly and legibly so that the sorters will not be hampered.

If the system of enumeration by voluntary agency is to be continued, I am doubtful whether the Baroda method can be successfully applied to British districts except in rural areas. But if a small and trained paid agency is substituted, then I see no reason for failure. The Baroda system could without difficulty be employed in rural areas in British districts, as in fact the village officers, in particular the

Talathi, actually write up the General Schedules and these men can be trusted to fill in the slips suitably, but enumerators of the same quality are not available, at any rate at present, in urban areas. I suggest that the application of the Baroda system to rural areas in 1941 should be seriously considered. There is no real objection to both systems being employed simultaneously and the saving is likely to be substantial, as the rural element in British districts represents 77·9 per cent. of the total population.

At the instance of the Census Commissioner, the experiment of local slip copying was attempted. By this process, slip copying is done in the district of enumeration, and the copied slips are forwarded to the Abstraction offices. Five districts were originally selected for the experiment, viz. Thana, Kaira, Kanara, Kolaba and the Upper Sind Frontier District. The results were very unsatisfactory, as Thana and Kaira at the last moment declined to do the work, Kolaba was unable to finish the work, and both Kanara and the Upper Sind Frontier Districts took so long a time to complete the task that Abstraction was unduly delayed.

As regards the other forms and registers, the difficulty is how to reduce the wastage which occurs in all sorts of unexpected ways. The statement below gives the number of the main forms printed, distributed and reported as consumed :—

Name of forms	No. printed	No. supplied	No. used
1. Enumeration Book Covers	202,812	202,711	186,911
2. General Schedules	4,160,000	4,094,749	3,595,329
3. House and Block List	360,818	345,990	280,265
4. Household Schedules	25,000	24,807	12,581
5. Boat tickets on Indus	6,200	6,010	5,090
6. Travellers Tickets	1,462,600	1,051,500	676,173

It is not possible in many cases to restrict supply to the standard laid down by the Census Commissioner, *vide* section 5 on page 17 of the Imperial Code of Census Procedure, Part I, Enumeration. For example Bombay City demanded 250,000 General Schedules. As it was quite impossible to check the demand, the number asked for had to be supplied. Actually Bombay used 134,350 Schedules only.

In 1921, the Bombay Municipality used General Schedules printed in three languages viz. English, Marathi and Gujarati and therefore during the process of framing estimates, allowance was made for this factor. At the last moment, the Executive Health Officer decided to use schedules printed in English only, as owing to the Civil Disobedience Movement it was considered unsuitable to employ only vernacular-knowing men as enumerators, so that the selection of last minute substitutes would not be fettered by language difficulties. A similar situation arose in Karachi City. In the usual way, Ahmedabad City Municipality was supplied with the appropriate number of forms. These lay with the Municipality until the special staff appointed to take the Census of the City demanded the forms from the Municipal Census Office. It was then found that the number produced by the Municipality was below requirements and therefore extra forms had to be provided. The same type of thing happened in the case of Vile-Parle, Ghatkoper-Kirol and Broach Municipalities. A very large percentage of the wastage is unavoidable owing to the necessity of keeping reserves in so large a number of places and of distributing the forms among so vast a number of persons. On this occasion there were 154,588 blocks. Even if each Enumerator was allowed two spare schedules apiece, the wastage amounts to over 3 lakhs. This I fear cannot be avoided, as it is inevitable that Enumerators operating in every kind of country should spoil at least one form apiece. The degree of wastage in connection with the Unemployment and Fertility Schedules which were printed and distributed was considerable. Of the former 145,000 were printed and of the latter 400,000. The number actually returned to the Abstraction offices were 1,062 and 166,339 respectively.

Printing. All the printing work except the following petty items, viz.—

(1) Compilation Registers,
(2) Household Schedules,
(3) Unemployment Schedules,

was done by the Government Presses at Yeravda (Poona) and Bombay. This system cannot be improved upon. The quality of the work turned out was satisfactory and the promptness with which orders were executed and the general courtesy shown by the Officers in charge of the various Presses has been most helpful. In particular I am indebted to Mr. J. J. Watson, then Manager of the Central Press, Bombay, whose advice saved me from many pitfalls.

The Press also undertook the distribution of the various forms and Registers. As they possess a permanent staff, which is accustomed to distribute stationery and printed matter, to officers scattered in every corner of the Presidency, it was not difficult for them to expand this trained staff by the addition of a few hands, to enable them to cope with Census work, while if the Census Office had attempted to do the work, the cost would have been appreciably greater, since the forms would have had to be conveyed to Poona in bulk and then repacked in suitable parcels—involving greater transit charges, double handling and packing. The latter is a fairly substantial item, as parcels have to be made up practically for each Charge Superintendent in British Territory and also for each State, within the limits of the Presidency. Some delay results from the necessity of arranging for a special printing of the forms and registers required for Sind, since these are not prepared at the Presses in Bombay or Poona, but at the Commissioner's Press at Karachi. It is not apparent how this can be avoided—I would suggest that Sindhi translations of documents due for printing in Sindhi should be sent direct to the Sindhi Translator at Karachi instead of to the Oriental Translator at Bombay. The difficulty is that the proofs cannot be checked, as there are no facilities for doing so in the Superintendent's Office and on this occasion I did not even ask for proof copies. The printing of the Social and Linguistic Maps has been undertaken by the Director of Map Publications, Calcutta. There is no evidence forthcoming at present to establish whether this procedure is economical. As regards the diagrams required for the General Report, these must be printed at the Photozinco Office, Poona, and it is desirable that close contact should be maintained with that office during the period of preparation of these diagrams, as otherwise the maps may have to be redrawn by the Photozinco Press to suit the limitations of the processes of which the Press is capable and such a course increases the expense of manufacture.

In connection with the distribution of forms it is important to bear in mind that certain units are inaccessible by railway and that the shortest and cheapest method of despatch involves a combination of road and rail and sea transport. This entails substantial delay in transit and therefore material for these units should be despatched as early as is possible. I give below a list of such units :—

British Districts, etc.

1. Kanara District.
2. Ratnagiri District.
3. Kolaba District.
4. Aden.
5. Karachi.

Bombay States and Agencies

1. Janjira State.

Western India States Agency

1. Cutch State.
2. Bhavnagar State.
3. Junagadh State.
4. Nawanagar State.

CHAPTER III—ABSTRACTION AND COMPILATION.

The methods adopted to abstract or tabulate the information contained in the General Schedules were similar to those employed in 1921.

Abstraction Offices were set up in order to serve defined areas, and the Enumeration Books from the various areas were collected by the District Census Officers and despatched to the Abstraction Offices specified.

In 1911 there were four Central Offices in British territory, viz. at Hyderabad (Sind), Ahmedabad, Poona and Dharwar. An office at Kolhapur, four Offices in Kathiawar, and one apiece in Cutch, Savantwadi and Palanpur served the needs of the rest of the Presidency.

In 1921 Mr. Sedgwick increased the number of offices to 23, of which 13 were situated in British Districts and 10 in State territory. He however came to the conclusion that so large a number of small offices was unsatisfactory, mainly because it was difficult to exercise control over several establishments dotted all over the country.

On this occasion, at the time when it was necessary to complete the arrangements for these offices, the Civil Disobedience Movement was at its height and there were no indications as to when the movement would subside. In consequence, in the selection of a site for an Office, apart from general convenience and a central situation, it was necessary to consider safety and also the possibilities of securing staff. Ultimately I decided to open five Offices only in British Districts, one at Ahmednagar to meet the special needs of Bombay City and four others at Hyderabad (Sind), Surat, Ahmednagar and Dharwar. The allocation of the Enumeration Books was on a linguistic basis; the Sind Districts', including Khairpur State, being collected at Hyderabad (Sind) the Gujarati-speaking population's at Surat, the Schedules from Maharashtra and the Konkan at Ahmednagar, and the Kanarese-speaking population at Dharwar.

So far as the population of the States was concerned, the bulk was handled, in the Central Abstraction Offices and the rest was distributed over ten Offices. Almost every State in the Western India States Agency desired to set up a separate Office to deal with the State population. This would have meant separate Offices for each of the 17 Salute States and in addition Offices for the smaller States grouped together in Banas Kantha and the Western and Eastern Kathiawar Agencies. My preference was for one Central Office for Kathiawar and in this I was strongly supported by Mr. Kealy, the Honourable the Agent to the Governor General for the States of Western India, but in spite of our united efforts to persuade the Durbars to combine and thereby improve efficiency and reduce costs many remained obdurate and in the result Offices were set up at the following places :—

(*i*) Sawantwadi,	(*vi*) Palitana,
(*ii*) Kolhapur,	(*vii*) Nawanagar,
(*iii*) Bhavanagar,	(*viii*) Idar,
(*iv*) Cutch,	(*ix*) Devgad-Baria,
(*v*) Gondal,	(*x*) Balasinoor.

In the case of the eight States first mentioned, the entire process of Abstraction and Compilation was carried out locally, but Devgad-Baria and Balasinoor prepared their own slips and then forwarded the slips to the Central Office at Surat for abstraction.

There is no doubt that the large number of offices set up in Kathiawar has proved a serious inconvenience. Adequate inspection of so many offices is out of the question and the extra correspondence alone which it entailed was a burden on the Superintendent's Office and as it is in the nature of a burden for a State with a population of a few hundred thousand to employ a well-paid staff, the quality of work turned out varied appreciably. From the point of view of the States also, the arrangement is unsatisfactory, as small offices are able to deal with each stage of the proceedings far more rapidly than is possible in the British offices and in consequence they are required to suspend operations from time to time, with the result that the work is done uneconomically. Further if an unexpected series of figures is demanded for incorporation in the tables or in the report, as often as not it transpires that the data are not available without retracing steps. On the other hand it is not always possible to anticipate events and the tempo of the whole of the proceedings must be regulated by the pace of the British offices which are dealing with millions apiece. It is to be hoped that in 1941 the Western India States Agency will be given its own Superintendent.

The system employed in the tabulation of the material collected, is known as the Slip System, first introduced in 1901. Under this system the various items of information entered in the general schedule are transferred on to a small slip of paper 5" by 3", one slip being prepared for each single person. These slips are then sorted so as to yield totals for the units which are entered in the various tables.

While on leave before taking up my present appointment, I investigated the possibilities of employing tabulating machines. In the 1921 Administrative Report this question has been discussed at some length. I am not sure that most of the objections mentioned by Mr. Sedgwick could not be overcome, but the cost of importing these machines into India is too great to make their employment practicable on a Provincial basis. There are two types of machines on the market, the Hollerith and the Powers Samas, but in both cases the cost is prohibitive.

The slip system is cheaper but tedious and more liable to error, as it is operated by several hundreds of semi-educated persons, whose work is checked by men very little better educated. Hitherto this system has been extolled by successive Superintendents and claims for its accuracy have been advanced on more than one occasion, but my experience leads me to believe that there is a distinct element of danger in employing temporary hands as checkers and supervisors. These men have no incentive to do really accurate work beyond the fear of being caught out and fined by their superior officers and, frankly, all that the Inspector and Deputy Superintendent can do is to take a 10 per cent. check and this is not enough. I am well aware that I am treading on delicate ground and also that my views will possibly not be supported by the majority of Superintendents, but I am humbly of opinion that the rush tactics employed by the Indian Census Department do not tend to ensure accuracy. The United Kingdom, with a population of about 42 millions and employing machines, takes over 18 months from the date of collection to abstract the figures, while at this Census we were allowed seven months. It is true that the quantity of data furnished is much less, but even so the period of time allowed is insufficient, taking into consideration the practical difficulties involved.

These are as follows :—

(*i*) Poor quality of personnel engaged in slip-copying. A better class cannot be had at the wage offered.

(*ii*) Low standard of intelligence of the Checkers and Supervisors.

(*iii*) The fact that in the whole of the Abstraction Office, there are at the most three or four substantive Government servants, and a handful of Government pensioners, and the impossibility of expecting absolutely accurate work from a group of comparatively ill paid men, who are temporary hands and who have nothing to lose but a few rupees and nothing to fear but dismissal from a post which at the best lasts only a few months.

(*iv*) Being a temporary office, the situation and general equipment of the offices are not enticing nor conducive to the outturn of first class work.

I do not see how these drawbacks can be remedied nor their results countered without a vast increase in the expenditure but an extension of the period allowed to Abstraction Offices would enable checking to be done by a more responsible agency and this would improve the standard of accuracy. I would not wish to be taken as indicating that the work done in the Abstraction Offices was bad. On the contrary I think it was fair, but it should be recognized that the work is done under many handicaps and suffers accordingly. The number of checkers should be increased by 25 per cent. and the number of Inspectors now permitted should be doubled or a longer period of time allowed. Also the Inspectors' posts should be filled from the ranks of permanent Government servants, since such men have a greater sense of responsibility and also cannot afford the luxury of being found out in bad work.

It may perhaps be of some assistance to my successor, if I record my views on the type of individual required to manage these Abstraction Offices. On this occasion, I placed a Deputy Collector who was on the verge of retirement, in charge at Hyderabad ; the offices at Ahmednagar and Dharwar were controlled by men of the rank of Mamlatdar ; at Surat, I appointed a young Oxford graduate, who had no previous experience of Government service or of managing an office. On the whole I am of opinion that the Deputy Superintendents who are placed in charge of Abstraction Offices, should be selected from the Revenue Department and from the ranks of Deputy Collectors of perhaps 2 or 3 years' service.

Mamlatdars would probably be stronger on the account side, but it is not easy to secure men who will do a little more than faithfully carry out orders. During the process of abstraction, it frequently becomes evident that the isolation of a piece of information which has not been asked for, will in all probability be of considerable value. A reference on the point by the Deputy Superintendent to the Provincial Superintendent would be both helpful and gratefully received, but such action requires men with observation and a particular quality of initiative and these are more likely to be found among the ranks of the Assistant or Deputy Collectors than in any other cadre of the Revenue Department.

I am of opinion that it would be an excellent thing if young Deputy and even Assistant Collectors were intentionally placed in charge of these offices. The information they would acquire there would be easily equivalent to two full years' experience in any other post. Since the post lasts for a few months only, the cost would not be prohibitive, the help likely to be forthcoming to the Superintendent from young and alert assistants, with minds trained to concentrate on essentials and able to sift wheat from chaff, would be of the greatest value and if by any chance it became possible to appoint a Provincial Superintendent with former experience in an Abstraction Office, the value of this officer would be automatically increased at least 25 per cent.

Accounting.

This is a particularly difficult and unpleasant feature of census work and the staff available to deal with this aspect of the operations is too meagre for a spending department, as it consists in fact of the part-time services of the head clerk and one untrained Accountant. The budget provision does not permit of the employment of a trained hand.

Apart from the fact that separate accounts are to be kept for :—

(*a*) The total quantity of paper consumed,

(*b*) Printing charges from the different presses,

(*c*) The disbursement in the shape of contingent expenditure incurred all over the Presidency under two main heads, viz. items countersigned by Collectors and claims by municipalities, district local boards, railways etc.,

this office was required to countersign hundreds of travelling allowance bills dealing with the claims of about 25,000 persons for an amount of Rs. 51,498 which was the total of 1,139 travelling allowance bills actually passed by this office. In the first instance it was laid down that all bills including travelling allowance claims were to be submitted to the Provincial Superintendent for approval and countersignature. This led to congestion in this office as travelling allowance bills in particular were mostly for small sums but for several journeys, which made them difficult to check. On my explaining my difficulties to the Accountant General that officer issued a circular directing that travelling allowance claims of Government servants employed on census duty could be countersigned by, and passed for payment by, the Collector of the district ;—the latter officers were asked to furnish the census office monthly with a statement of the expenditure approved by them on this account. Many districts failed to submit their statements regularly, with the result that the census office had no idea of what expenditure was being incurred under this head and was also unable to watch disbursements. When this fact was established, it was again decided to ask for the submission of all bills to this office.

It was expected that most Travelling Allowance claims would have been paid by the end of the financial year 1930-31 as Enumeration ceased on the 26th February 1931 and it was thought that one month's time for the preparation and submission of bills to the Collector and their scrutiny by him would suffice. In point of fact, the conduct of almost all Districts in the preparation and submission of Travelling Allowance claims was extremely lax, and incredible delay occurred for no apparent reason in the presentation of these bills. Journeys performed at the time of House Numbering Operations, viz., in October and November 1930, were not billed for till May and June 1931. On the 28th February 1931, I issued a Circular to all Collectors requesting them to be so good as to cash all Travelling Allowance claims before the 31st March 1931. As the streams of claims continued to pour in without interruption and it became manifest that the bulk of the claims had not been met, and at the instance of the Census Commissioner, I issued another Circular, stating that claims submitted for countersignature after the 10th July 1931 would not be considered. In spite of these Circulars, Collectors continued to send in bills as late as February 1932. The bills were frequently not in the proper form, absurd claims were made and often prepared in such a manner that it was quite impossible to gather from the surface of the bill, whether the charge was either reasonable or legitimate. This entailed considerable correspondence. Again I was required in person to initial each single entry in the Register in connection with every disbursement, no matter how small, and since each bill was supported by dozens and in a few cases by several dozens of vouchers, each of which I was required by the Account Rules to initial in token of cancellation, the amount of time consumed in dealing with Account matters was enormous.

It is not easy to evolve suitable measures for overcoming these difficulties.

To expect prompt submission of bills from the Treasury Offices of districts, appears to be a demand unlikely of accomplishment. Often the mere bulk of the number of claimants enforces delay. To propose additional establishment at the Treasury Office of each district would mean an unreasonable expenditure. To empower Collectors of Districts to countersign bills is apt to increase the expenditure on Travelling Allowance as in many cases the bills forwarded to me by Collectors after scrutiny, have contained claims which were unreasonable and which were withdrawn after protracted correspondence. I would suggest that the Head Clerk to the Provincial Superintendent be declared to be a Gazetted Officer ;—by this process, the Superintendent would be supplied with an assistant in account matters, and all bills could then be submitted to this office for countersignature.

It is however important that all bills should be vetted in the Collector's office before submission, as it is impossible for the Provincial Superintendent to be aware of the local conditions and local rates prevailing in every taluka of the Presidency, and I would suggest that in the Government Resolution issuing these orders, Collectors of Districts should be enjoined to draw up general instructions laying down the basis on which Travelling Allowance claims on account of Census duty should be prepared. It should also be emphasized that all claims not transmitted to the Superintendent within six months of the performance of the journey for which the claim is made, should be forthwith rejected. On this occasion Government laid down that Government servants employed part-time on Census duty, were to submit Travelling Allowance claims only for those journeys which were performed exclusively on Census account and any Census work performed by a Government servant in the course of ordinary touring was not to be billed for. It would appear that this method of differentiation is too subtle to be understood. Judging from the claims made in many districts, the distinction sought to be made by Government Resolution, Political Department, No. 7324, dated 14th February 1931, was either not understood or ignored and I venture to suggest that it may be considered whether it is necessary to permit any Government servant, whose ordinary duties involve touring, to submit claims for journeys on Census account, provided the duty carried out was within the usual area of jurisdiction of the Officers in question.

It is not easy to deny the claim of a Tapedar in Sind or a Talathi in the Presidency, who declares that he has performed a special journey to carry out House Numbering Operations, but at the same time it is difficult to forget that it should be easy for such Officers to conduct these operations in the ordinary course of touring, especially if a very little forethought is applied to the framing of a tour programme. I cannot recall a single case of a bill submitted by a Mamlatdar or a Prant Officer for journeys performed exclusively on Census Account :—it is not clear to me why Talathis and Circle Inspectors cannot also avoid making special visits, particularly as these men were almost always employed on Census work within their own charges. I realise the point of view of the Charge Superintendents who in the first instance corroborate the necessity of the journey and the validity of the claim. It does savour of hardship to expect an individual to undertake a thoroughly tedious task without any extra remuneration but it is not realised what extra time and money is involved in permitting a claim for a trifling sum of twelve annas or a rupee, from several thousand individuals. It might be worth while to ascertain from the Accountant General the cost in his office alone of dealing with Census bills. I should not be surprised if it transpired that it would be more economical to pay a small honorarium to subordinate Government servants employed in Census work and to prohibit them from preferring Travelling Allowance claims for the performance of Census duty.

I give below the recorded figures of expenditure on Travelling Allowance under the head Enumeration, 1921 and 1931 :—

Year.	Amount. Rs.	a.	p.
1921	20,945	6	6
1931	51,498	0	0

CHAPTER IV—COST OF CENSUS.

Cost of the Census.

The actual net expenditure in 1931 is below that of 1921, in spite of the facts (*a*) that the Government of India now meet the entire cost of the whole of the operations and (*b*) that the scale of receipts in the shape of contributions from the various States and Municipalities has not been revised. The statements at the end of the volume furnish the details of the expenditure under the different Budget Heads.

I propose here to confine myself to comments on—

(*a*) The differences in the methods of allocation of cost, introduced for the first time in 1931.

(*b*) The adequacy of the scale of charges levied on the Municipalities and States on whose account Census Operations were undertaken.

As regards (*a*) above, the main variations have been as follows :—

(1) Whereas on previous occasions the substantive salaries of all Government servants seconded for duty in the Census Department, were met by the Provincial Governments concerned, in 1931 the entire cost of both salaries as well as allowances in the shape of special pay or deputation allowances, has been charged to the Census budget. The financial aspect of this alteration in procedure may be gauged by a comparison of the cost, in 1931 and 1921, to the Government of India, under the Head—"Superintendence". The actual figures are as under :—

Year.	Amount. Rs.	a.	p.
1921	23,087	13	8
1931	78,690	2	3

In 1921, the Government of India were required to meet on account of the emoluments of the Provincial Superintendent, the modest sum of Rs. 2,960-0-0 only, representing the special pay drawn by him, in 1931 the expenditure on account of the Superintendent has been Rs. 50,904-9-0 in spite of the fact that the officer appointed in 1931 was a good deal cheaper than the officer selected in 1921.

(2) The total cost in 1921, for the staff in the Superintendent's Office, was Rs. 6,726-14-8, whereas in 1931 it has been over Rs. 14,000-0-0. These increases are due entirely to the fact that the Provincial Government do not now contribute towards Census expenditure.

(3) The expenditure under Enumeration has been much increased by reason of the fact, that while in 1921, the Travelling Allowances paid to Government servants were debited to the same head as pay and therefore met by the Local Government, the entire cost on this account in 1931, has been debited to the Government of India : as a consequence, whereas the disbursements in 1921 on account of Allowances and Honoraria under the Head—Enumeration, amounted to Rs. 23,945-6-6, the corresponding figure for 1931 is Rs. 55,589-11-0. A certain percentage of this increase must be attributed to the rise in the population, but this factor by no means accounts for the major portion of the difference in the totals for the two decenniums.

Again, owing to the Civil Disobedience Movement, special measures were employed to effect the Enumeration in the Municipal towns of Ahmedabad, Broach, Vile-Parle, Ghatkoper-Kirol. The cost on this account, viz., Rs. 17,005-5-5, though recovered from the bodies concerned, has been shown in our expenditure. To effect a true comparison of the costs in 1921 and 1931 it is necessary to diminish the figure of gross expenditure for 1931, by this amount of Rs. 17,005-5-5.

It is in connection with the expenditure under the Head—Abstraction and Compilation, that the results of economies introduced into the working of the office becomes most apparent. In the accounts of 1921 the disbursement under this head has been shown as Rs. 3,52,699-3-6 ; on this occasion the corresponding figure is Rs. 2,57,746-12-1. This appreciable reduction has been effected mainly :—

(*a*) By moving the Bombay Office from Bombay to Ahmednagar. The resultant saving was 52·3 per cent.

(*b*) By reducing the number of Abstraction Offices from 13 to 4 with a consequent decrease in rentals and overhead charges.

(*c*) By driving the establishment.

It will be appropriate here to invite attention to the fact, that owing to the increase in the number of units from 63 in 1921, to 122 in 1931, the quantity of work done, i.e. units formed, and figures calculated, is almost exactly double the output required in 1921. Nevertheless, the establishment engaged for the Compilation Office has not exceeded the numbers employed in 1921.

The explanation of the increase under the Head—Printing and Stationery, is the growth of the population handled by this office, by 13·9 per cent. Excluding the special expenditure of Rs. 17,005-5-5 levied on the Municipalities of Ahmedabad, Broach, Vile-Parle and Ghatkoper-Kirol recoveries on account of work undertaken on behalf of Municipalities, States etc., have amounted to Rs. 93,806-0-0 as against Rs. 85,398-10-2 in 1921.

On this occasion, contributions towards the general expenditure on Census Operations, the whole of which is borne by the Census Department, were levied as under :—

(*a*) District Local Boards were called upon to meet the actual charges during the process of Enumeration, in connection with House Numbering, Lighting and petty stationery, up to a maximum of Rs. 200 per taluka or Mahal ; expenditure in excess of this amount being met by the Census Department (*vide* Government Resolution, Political Department, No. 6804, dated 22nd November 1930).

(*b*) Municipalities were provided with all the necessary forms and registers delivered free of cost to the nearest railway station. All other charges during the process of enumeration were met by them. As regards the cost of Abstraction and Compilation they were called upon to pay a sum of Rs. 100 per 10,000 of the population within their boundaries. The exceptions to this procedure were the Municipalities of Bombay, Karachi and Ahmedabad.

(*c*) States were treated on the same lines as Municipalities, except that they were asked in addition, to pay the actual cost price of the forms and registers supplied to them. They were of course entirely at liberty to procure the necessary documents from other sources.

Mr. Sedgwick, writing in 1921, has observed that "he does not approve of making Local Boards pay for any part of the cost of the Census". He continues : "Their advantages accruing from the Census are not very great and the Census seems to be part of the General Administration of the country, which ought (except perhaps in towns) to be paid for by General Revenues".

It is not evident to me why Census data relating to rural areas is of less advantage to District Local Boards than information regarding Urban areas is of value to Municipal Bodies.

In fact, apart from the statistics collected for the seven principal cities of the Presidency, the information supplied to Municipal Boards is, I think, more scanty than the data collected for rural areas. A town is so compact an area, that the requirements of the public and of the communities composing that public in regard to sanitation, hygiene, education and the provision of medical facilities, almost obtrude themselves. The average area of a District in this Presidency is 4,577 square miles and the average District contains 994 villages. Without Census data, it would not be possible for a District Local Board to ascertain

(1) The relative proportions of the various communities forming the population,

(2) The relative density of populated areas,

(3) The degree of pressure of the population on the soil,

and without such information a District Local Board cannot function intelligently, whether it is a question of arranging a water supply, examining an irrigation scheme, laying down a feeder road, or building a Dispensary, whether for humans or animals, or a school house or caravanserai, or causeway.

If the arguments outlined above are accepted, a charge of Rs. 1,200 for a District containing 6 talukas, with an average population of about 8 lakhs, would not seem excessive.

I give below the actual charges collected this year from two District Local Boards in each Administrative Division in this Presidency :—

Division.	District.	Total population.	Amount levied towards cost of enumeration.
			Rs. a. p.
Sind	1. Upper Sind Frontier, Jacobabad.	291,740	399 3 3
	2. Hyderabad	662,924	919 14 0
Northern Division	1. Panch Mahals	454,526	827 7 0
	2. Surat	693,613	323 0 6
Central Division	1. East Khandesh	1,206,035	1,622 1 7
	2. Satara	1,179,712	1,695 12 3
Southern Division	1. Bijapur	869,220	1,068 9 6
	2. Belgaum	1,076,701	1,366 2 9

I venture to suggest that these charges cannot be regarded as excessive in spite of the fact that the resources of District Local Boards are inelastic. As regards the adequacy of the demand from the point of view of Government, only in two cases did the District Local Board contribution prove insufficient. The total of the excess debited to the Census budget in connection with Enumeration charges in these two District Local Board areas is as under :—

District Local Board.	Total expenditure.	Amount met by the District Local Board.	Amount debited to Census Budget.
	Rs. a. p.	Rs. a. p.	Rs. a. p.
Poona	1,653 0 9	1,400 0 0	253 0 9
Nawabshah	1,704 5 1	1,400 0 0	304 5 0

Conditions are likely to alter substantially in the near future and it is not easy to decide now, whether the policy adopted on this occasion could appropriately be applied in 1941, but it would not appear that District Local Boards will be subjected to any special hardship if they are required, in future, to contribute the total cost of the charges incurred by them on House Numbering, Lighting and Petty Stationery, during the process of Enumeration.

A certain number of District Local Boards disputed the legality of the demand, arguing that the Local Boards Act does not specifically permit the payment of such charges from District Local Board funds. It might perhaps be as well to insert into the Census Act a section which specifies in plainer language than at present, that the payment of these charges is legitimate. Uncertainty in this respect leads to prolonged correspondence and delay in recovery and also necessitates references to Government, which could easily be avoided by the suggestion made above.

As regards the contributions now collected from Municipal bodies, the general rule was to charge a sum of Rs. 100 per 10,000 of the population calculated to the nearest Rupee and the nearest 100, *vide* Government Resolution, Political

Department, No. 6804, dated 16th October 1930. In the case of the cities of Bombay, Karachi and Ahmedabad, the arrangement was that the total cost of the operations were to be borne in equal portions by the Municipality in question and Government.

In the Administrative Report of 1921, Mr. Sedgwick has criticised this procedure, on the ground that it is unduly advantageous to these Municipalities. He has proposed the application of a sliding scale to all Municipalities, *vide* page 37 of the Administrative Report for 1921. The scale is not inequitable so far as it goes, except in respect of the proportions suggested for populations up to 10,000. I consider that even the smallest Municipality could reasonably be called upon to bear 25 *per cent.* of the cost, but I imagine that it would be impracticable to ascertain with any degree of precision, what exactly the costs of Census proceedings should amount to in the case of each Municipality and each Cantonment, in each District in the Presidency. In large cities like Bombay, Karachi and perhaps Ahmedabad, the existence of a fairly responsible administrative and a reasonably adequate executive agency may perhaps be conceded, but to expect each and every Municipality to maintain appropriate accounts (*i*) of the material it consumes, (*ii*) of the cost of the personnel it employs, (*iii*) of the major and minor disbursements made and to conduct all Census Operations with due regard to efficiency and economy, is to demand a standard of both administrative and executive action which there is no reason to expect will be forthcoming.

The original estimates of the cost of Enumeration furnished by the Municipalities of Ahmedabad and Karachi were prepared on so lavish a scale as to establish clearly, that even these administrations were unable to realise that cheating is discreditable. The truth is that all Municipalities take advantage of the process of House Numbering, to revise their own house-tax lists. There is nothing objectionable in this, but to attempt to saddle the Census budget with charges incurred solely in order to benefit the Municipal coffers is a manoeuvre, which no one seems to consider unsuitable.

On this occasion, as a result of correspondence lasting well over twelve months I managed to reduce the original estimate of Rs. 27,000, submitted by the Karachi Municipality, to Rs. 19,690-15-11. A similar contest would certainly have taken place with Ahmedabad, had it not been for the Civil Disobedience Movement, which caused the Municipality to refuse to undertake Census Operations in the City. This Municipality had the audacity to include in their estimates an item of Rs. 16,000 to cover merely the cost of painting Census numbers on the houses in the City. They also proposed the supply of lanterns at a cost of Rs. 1,500 to be used for exactly 6 hours on the final night and they demanded in addition a sum of Rs. 1,000 to be paid to persons whom it was proposed to hire to carry these lanterns. The above-mentioned instances are not exhaustive but merely samples to prove a general attitude. In fact the Census is regarded by far too many people as an excellent opportunity to milk the Government and to get something for nothing, particularly in the shape of Travelling Allowances, and a considerable amount of ingenuity is expended on attempts to do so. Vigilance can frustrate these efforts to some extent, but I do not think that the Provincial Superintendent would be able to scrutinise with any degree of success, estimates submitted by every Municipality throughout the Presidency. The real difficulty is that necessary expenditure is largely dependent on local conditions. It is impossible for any single Officer, with the best of intentions, to acquire information on the local conditions of a Province and I am not at all sure that it is in the least degree practicable to expect Collectors of Districts to undertake this task of checking expenditure. It could of course be done, but the present angle of vision of these Officers would have to be altered materially if it was to be done successfully. I am disposed to believe that the fairest and most convenient method of levying contributions from Municipal areas is to require these bodies, as at present, to bear all charges connected with enumeration, including the cost of forms and registers supplied to them for their use, and to charge them for Abstraction and Compilation. As stated above, the present rate of charge for this work is Rs. 100 per 10,000 of the population. I am of opinion that this rate could be doubled without inflicting any hardship on the bodies concerned in all cases in which the population is below 250,000.

I give below the actual recoveries made from a certain number of Municipalities on this occasion :—

	Municipality.	Population.	Recovery.		
			Rs.	a.	p.
1.	Poona City	162,901	1,629	0	0
2.	Sholapur City	135,574	1,356	0	0
3.	Hubli City	83,494	835	0	0
4.	Jalgaon	34,286	343	0	0
5.	Kaira	6,834	68	0	0
6.	Surat	98,936	989	0	0
7.	Sukkur	64,964	650	0	0
8.	Hyderabad (Sind)	96,021	960	0	0
9.	Alibag	6,460	65	0	0
10.	Bijapur	39,747	397	0	0
11.	Dharwar	40,904	409	0	0
12.	Karwar	14,147	141	0	0

As a *quid pro quo*, each Municipality should be furnished with the following information :—

1. The caste composition of its population.
2. Literacy figures by age and sex.

Also each Municipality should be allowed to demand on payment of the cost of preparation, the occupational figures for the Municipal area.

I do not think there is any urgent need to revise the number of terms for which Housing Statistics are now prepared. Such figures are of course always useful, but their value is most appreciable in places, in which the population is substantial, i.e., exceeds a quarter of a million, where a large percentage of the people live not in their own houses but in hired residences, and where the industrial element in the population is considerable.

As regards Municipalities whose population exceeds 250,000, a separate Abstraction Office should be set up to deal with the population of these Cities. Half the cost may be borne by Government and the other half should be recovered proportionately from the Municipalities concerned. As regards Enumeration charges, the entire expenditure should be met by the Municipalities. The present arrangement whereby Government agree to bear a moiety of the cost of Enumeration is unsatisfactory and should be terminated because

(*a*) It is not really possible to scrutinise estimates except in a very rough and ready manner.

(*b*) The comfortable feeling engendered by the knowledge that half the expenditure will be met by Government, tends to encourage extravagance in the framing of estimates.

(*c*) There is little inducement to the Municipalities concerned to conduct Operations as economically as possible.

(*d*) There is no convenient method whereby Government can satisfy themselves that expenditure originally sanctioned and subsequently billed for. has actually been incurred.

I am far from asserting or even insinuating that irregular practices now take place, but experience leads me to believe, that the present system contains far too many loopholes to be considered as satisfactory. I am also of opinion that the actual expenditure both in Bombay and Karachi could have been reduced if these Municipalities had made serious efforts to do so.

As regards the inevitable objection that my proposals envisage too drastic a revision of a system, which has been sanctified by time and is supported by precedent, I would point out :—

(*a*) That the total cost of forms which are now supplied free, is only Rs. 1-14-6 per 1,000 of the population, (*b*) That Karachi, cheerfully burdened itself with an expenditure on enumeration of Rs. 13,500-0-0; under my proposal this Municipality would have had to pay Rs. 19,690 and this latter figure could certainly be reduced if an earnest attempt to do so, was made,

(*c*) That the estimate framed by the Ahmedabad Municipality on account of Enumeration charges was Rs. 34,166-5-0,

whereas the total cost of the staff appointed by Government to carry out operations in Ahmedabad City amounted to Rs. 8,777-12-3.

It is correct that this staff failed to effect Enumeration fully, but this failure was not due to inadequacy of staff or faulty organisation, but solely to the opposition encountered. If the Municipality had co-operated, there is no doubt whatever that the Enumeration would have been entirely successful without any appreciable increase in the cost.

I would also invite attention to the fact that this Municipality has voted a sum of Rs. 30,000 for a private Census which was to have been held early in 1932, but which at the moment of writing, viz. May 1932, has not yet taken place.

Presumably in 1941, Census will no longer be the sole concern of the Central Government and presumably therefore, the incidence of cost will be a matter of some importance to Provincial Governments. Since it will be difficult to introduce last minute changes in the system of levy, it is desirable that the question be examined in all its bearings, in good time.

As regards States, they are charged for the forms and registers they require, they meet the full cost of Enumeration within their areas, and they pay a proportionate amount of the cost of Abstraction and Tabulation. The method of computation of the latter item is lenient, in that the whole cost of superintendence is excluded, but on the whole, there is no particular reason for altering the present rates, but if the scale of charges for Abstraction work is altered in the case of Municipalities, then a similar increase should be applied in the case of the States.

Note.—This Administrative Report has been written in its entirety by Mr. A. H. Dracup. My own responsibility is confined mostly to its final arrangement and setting for the press.

Poona,
24th October 1932.

H. T. SORLEY,
Provincial Superintendent of Census Operations,
Bombay Presidency.

APPENDIX

By Mr. G. V. Tikekar, Head Compiler, Census 1931.

The practical difficulties experienced by Mr. G. V. Tikekar as a Charge Superintendent, Deputy Superintendent of Census Abstraction Office and Head Compiler in the Central Compilation Office and suggestions for future improvement in Census Operations as a result of the experience of the 1931 Census.

Enumeration Books (General Schedules), Circle Summaries, etc.

As a rule Abstraction Offices are opened about the date of the final Census at different convenient centres. The Charge Superintendents—Mamlatdars, Mahalkaries, Municipal Census Authorities and State Census Authorities are required to send enumeration books with the incidental papers (such as Circle Summaries, Charge Summaries, list of villages, etc.) within a very short time after all the enumeration books are collected at the headquarters of a charge. These officers have not sufficient time at their disposal to go through the enumeration books, even cursorily, to see whether all the entries are written in full, whether abstracts at the end have been filled in in all cases, etc. As soon as provisional figures are reported, they are required to pack up the books and despatch them to the Abstraction Office. No one has time to see whether the Circle Summary, which is the most important document, has been correctly filled in by the Enumeration Supervisor. The Circle Summary accounts for all the blocks in a circle and gives the distribution of blocks by villages. If the Circle Summary fails to make mention of all the particulars required by its columns, the preparation of Village Tables is seriously hampered. The Village Tables are therefore in many cases incorrectly prepared and sent to the talukas. Then the Mamlatdars point out mistakes and omissions which naturally come to their notice when village officers are supplied with figures of village population. In Abstraction Offices also no care is taken to compare the entries in Register A with the entries in Circle Summaries. The Village Tables are prepared from the A Register. If the A Register is wrong, the Village Table must be wrong. It often happens that the names of villages in the General Schedule are unreadable and consequently some blocks are likely to be entered under a wrong village. The front page of the General Schedule should therefore contain the number of the Charge, Circle, Block, the name of the "village" and the serial number of the villages according to alphabetical order in the space provided for these.

The Charge Superintendents must see that the following conditions have been fulfilled in respect of books in a Circle :—

(1) That the front and the last pages have been correctly and intelligibly filled in.

(2) That the entries in a Circle Summary tally with the Abstracts at the end of the Enumeration books and that the blocks are correctly distributed over the villages concerned.

The Charge Superintendent must have sufficient time at his disposal to do all this. He should therefore be given for this purpose a full week's time after he has submitted the provisional figures of the population.

Circle Summaries and the preparation of Village Tables.

As stated above, the Circle Summary is the most important document. It serves as a check to the A Register. A Village Table prepared without reference to the Circle Summary must necessarily be wrong in 50 out of 100 cases. This has been the actual experience in the Central Compilation Office. The Charge Superintendents should be required to prepare a Charge Summary showing in one place not merely the totals of Circle Summaries but also the distribution of all the blocks in a taluka or unit of a charge by villages. This means that every block must be properly accounted for and assigned to the particular village into which the population enumerated in the block should go. If "A" taluka has 550 blocks and 60 villages, the Charge Summary must furnish correct distribution of the blocks over the 60 villages. Blocks pertaining to Running Train enumeration, floating population, etc. will remain to be accounted for in reference to a certain "fixed village" as the population cannot be entered in a village. The population entered in such blocks will not form a legitimate part of the village population but will be included in the Taluka Total. In Imperial Table III this population has to be separately accounted for. There should therefore be a clear note as regards such blocks. As a rule, blocks in a Circle are serially numbered. So the number of the Circle is also necessary in this Charge Summary. It is not necessary to show the population of blocks, as these details are already furnished by the

Circle Summaries. It will be sufficient if the Charge Summary is prepared in the following form :—

Charge No. Taluka / Municipality District

Village or town.	Circle No.	Number of blocks in which the population of the village or town has been enumerated.

Special Circles such as those fixed for the enumeration of Railway Stations, Factories, Camps of Labourers should be so named, besides being provided with a number. Such a Charge Summary will be a very useful guide to an Abstraction Office for preparing correctly the Village Tables. It will also facilitate a good deal of the work in the Central Compilation Office. At this Census such information had to be called for from several talukas after the Mamlatdars had found fault with the Village Tables, before the Village Tables could be set right.

The Census Code has prescribed the form of Circle Summary. Its columns are quite clear; but very little close attention is paid to the Code instructions. Hence a separate Circular is necessary in this respect by which the special attention of the Charge Superintendents should be drawn to the correct filling up of Charge and Circular Summaries. The Charge Summary prepared in the form indicated will be a skeleton of the Village Table and the accuracy of Register A will be ensured thereby. As there is a separate form of Charge Summary prescribed in the Code, this should be a supplement to it. It is strange that the Revenue Officials who expect accuracy in the Village Tables fail to realise the fact that the accuracy depends primarily on the information supplied by them through the Circle Summaries.

SLIP COPYING

Slip

The size of the slips selected for this Census is suitable. But the symbols distinguishing Sex and Civil Conditions would be printed more conveniently on the left side instead of on the right, so that there may be no fear of the pencil marks disappearing by constant wear. The slips are always turned at the right side and not at the left.

The rate of slip-copying renumeration at four annas per 100 slips for both rural and urban areas which would appear to be anomalous. The four annas would be a suitable rate for urban areas only—those of big cities such as Ahmedabad, Surat, Karachi, Poona, Sholapur, Hubli Hyderabad and Cantonment areas. For other urban areas and for all rural areas the rate should be lower—three annas or so.

The rate given for copying " infirmity " slips would appear to be too high. The principle underlying would appear to be somewhat peculiar, if it is considered and discussed properly. A man examining the last column of 40,000 entries to find out an infirmity gets Rs. 2-8-0 whether he finds an entry or not in which latter case he has no slip to write. But another clerk in the course of his examination of 40,000 entries may come across 2,000 " infirms " and he has to write 2,000 slips and remain satisfied with Rs. 2-8-0 only. The rate for examining 40,000 entries can be suitably brought down to Re. 1-4-0 and for the slips acually written the clerk may be paid the ordinary slip copying remuneration in addition to the search fee of Re. 1-4-0.

This point deserves careful consideration before the next Census.

Slip-copying and Checking.

It is a matter of serious consideration whether 3 Checkers can check at an average rate of 500 a day, 100,000 slips written by 20 Copyists. I think they cannot do it efficiently. They have to take help from the copyists. It is therefore absurd to believe that, after spending one or two hours daily on checking, a Copyist can turn out daily 700 or 800 slips. Where this happens one is led to believe that there is collusion if not a want of proper check and supervision or wilful connivance at slipshod work. The rules are not defective but they are not properly observed and enforced. Sufficient light was thrown on this state of affairs when slips were thrown into boxes for sorting. Numerous mistakes, such as slips of proper sexes with the symbol showing civil condition, were found and the Register A had to be corrected several times. Almost seven to nine days were spent in each Abstraction Office in the preparation of sorting boxes. Why should this be ? This is due to the Copyists' desire to produce a greater outturn in order to earn more money and to the inability of Checkers and Supervisors to exercise any thorough and sufficient check. Either the strength of Checkers' staff must be increased or there ought to be a strict rule that no Copyists should be allowed to produce an outturn of more than 500 slips a day. Co[illegible] turning out less than 400 slips ought to be dispensed with.

Examiners for examining Enumeration Books.

The following is an altogether new suggestion deserving consideration. The enumeration books, before they are actually handed over to the Copyists, should pass through some sort of preliminary examination. A staff of examiners should be maintained. An examiner's duty should be to see that the following work is correctly performed in enumeration books :—

(1) To check first of all the serial numbers in the book and see that the numbers are correct.

(2) To see whether the population of males and females shown in the Abstract is correct.

(3) Lastly to fill up blanks in the several columns.

If the enumeration books are in this way passed as correct by the examiners, they should be handed over to the Copyists. By this process copying and checking work will be made much easier and no difficulty will be experienced at the time of making up boxes for sorting. The remuneration for slip copying should be reduced proportionately to cover the expenses incurred for examiners. Examiners must examine not less than 5,000 entries per day. Their remuneration may be fixed on the basis of four annas per 1,000 entries examined. For an Abstraction Office dealing with population of four millions the cost for Examiners ought not on any account to exceed Rs. 1,500 in all including contingencies, overhead charges, etc. This is not a large sum and can even be met without reducing the Copyists' remuneration.

Period allowed for Copyists to learn the work.

Six days are allowed to Copyists to learn their work. In this period a Copyist is given remuneration for 500 slips whether he does that much work or not, or does no work at all. The learning period of six days is certainly too long. Two or at the most three days are quite sufficient. There have been cases of men attending the office to earn Rs. 7-8-0 and then absconding.

Register A.

It is suggested that the present A Register form should be revised so as to show Christians under the following categories :—

(1) Europeans—British Subjects.

(2) Europeans—Non-British Subjects.

(3) Races allied to Europeans (including Armenians, etc.)

(4) Anglo-Indians.

(5) Indian Christians.

This is necessary and had better be done for inclusion of the details in A Register. These details will be incorporated in the Village Table and that form also will need corresponding revision. There are always several calls from other departments and from Municipalities for these figures. It is also advisable and necessary to keep slips of these separate and sort them separately in all the sorting phases.

Abstraction Offices.

There should be at least 6 Abstraction Offices for the British Districts in the Presidency :—

One for Bombay City and Bombay Suburban District ;

Two for Marathi speaking districts ;

One for Gujarati speaking districts ;

One for Kanarese speaking districts ; and

One for Sind.

Each office must be given 8 to 9 months' time to complete the work. The actual experience of this Census has been that the Central Compilation Office had to do a difficult and complicated part of the Abstraction work which they had to leave unfinished or untouched owing to their having to wind up their offices within a period of 7 months. By this extra burden the Central Compilation Office was seriously inconvenienced and found the utmost difficulty in finishing the work within the cost and the time fixed.

The Abstraction work of the Bombay City must as a matter of fact be done at Bombay under the direct supervision of the Executive Health Officer, as persons engaged by him have the advantage of direct knowledge of the City to facilitate their work. There they can easily deal with difficulties and complications that arise. To shift this abstraction work to a mofussil town far from Bombay and to entrust it to an outsider, though economically beneficial both to

Government and the Municipality, cannot be expected to give results equally characterised by accuracy. A Deputy Superintendent selected from the municipal staff would be a more suitable person to compile Housing Tables than an outsider unfamiliar with Bombay City conditions.

So also for the Sind Abstraction work, Karachi is a more suitable and convenient place for the Abstraction Office than Hyderabad. At Hyderabad great difficulty was experienced in obtaining competent hands. The Deputy Superintendent appointed there was a competent Officer—a Deputy Collector—but he was handicapped by circumstances outside his control and the office showed signs of a breakdown before the work had made appreciable progress. In the end the Head Compiler had to be sent there to remodel the office. The difficulty in securing good hands at Hyderabad was real.

It is therefore suggested that next time the opening of Abstraction Offices, for Bombay City in Bombay and for Sind at Karachi may be considered in the light of the experience gained in the 1931 Census.

Sorting and Compilation.

Though a Sorter is entrusted with the maximum number of 40,000 slips for sorting, which is a very large number, slips of the following description must be kept in separate bundles :—

(1) Slips of different religions.

(2) Slips of different charges.

(3) Slips of Christians in five separate bundles as follows :—

(*i*) Europeans—British Subjects.

(*ii*) Europeans—non-British Subjects.

(*iii*) Races allied to Europeans (including Armenians, etc.).

(*iv*) Anglo-Indians.

(*v*) Indian Christians.

(4) For municipal areas there are separate charges and the slips must be kept separate.

(5) There should be a separate arrangement of special sorting for City Tables.

The keeping of slips in separate bundles means separate sorting for each of the above, with separate Sorters' Tickets, and separate posting in the Compilation Registers.

The Compilation Registers should show figures for each religion (under the Christian religion, of course, separate figures are required for each of the above categories) in the following order :—

(1) Total of a Taluka.

(2) Separate figures of each of the Municipalities in a Taluka.

(3) Rest of the Taluka (Rural Area in the Taluka).

(4) District Totals.

The Central Compilation Office requires for each Imperial Table only the compilation registers systematically prepared in the above manner. Abstraction Offices are not required to prepare Final Tables as these are of little use in the Central Compilation Office.

All Abstraction Offices should follow a uniform system and for that purpose clear instructions must be issued.

This time the Abstraction Offices were left to follow the Code instructions and each followed them in its own way. The Sind Abstraction Office prepared final tables by districts. The figures for minor units, such as talukas or municipalities, were not available from any of the Sind districts. The Gujarat Office Compilation Registers were not of a uniform nature in respect of all Tables. The Karnatak Abstraction Office followed more or less the same course. The Marathi Abstraction Office followed an intelligent method of reporting figures by talukas uniformly. The result of this lack of uniformity was that municipalities' requisition for several kinds of information could not be satisfied.

It is therefore absolutely necessary to issue clear instructions on this important point beforehand.

STATEMENT No. I.

Showing the Census Divisions and Charges.

District or City.	Number of			Number of			Average number of houses per		
	Charges.	Circles.	Blocks.	Charge Superintendents.	Supervisors.	Enumerators.	Charge Superintendents.	Supervisors.	Enumerator.
1	2	3	4	5	6	7	8	9	10
Bombay City Municipality.									
1. **Bombay City**	41	253	2,059	41	253	2,059	1,240	201	25
Central Division	161	3,288	37,224	161	3,288	37,224	..	..	..
1. Bombay Suburban District ..	7	78	869	7	78	869	7,356	660	59
2. Ahmednagar	16	491	5,203	16	491	5.203	14.885	485	46
3. East Khandesh	26	533	6,167	26	533	6,167	10,841	529	46
4. West Khandesh	9	308	4.055	9	308	4,055	19,224	565	43
5. Nasik	23	425	5,064	23	425	5.064	10,139	549	46
6. Poona	31	471	5,079	31	471	5,079	7.652	504	47
7. Poona Municipality ..	4	46	573	4	46	573	10,404	905	73
8. Satara	25	579	6,146	25	579	6,146	11,670	504	47
9. Sholapur	16	323	3,709	16	323	3,709	10,962	543	47
10. Sholapur Municipality ..	4	34	359	4	34	359	5,323	626	59
Northern Division	101	1,816	19,433	101	1,816	19,433	..	..	..
1. Ahmedabad*	21	366	3,427	21	366	3,427	11,097	637	68
2. Broach	9	175	1,785	9	175	1,785	9,334	480	47
3. Kaira	18	446	4,908	18	446	4,908	14,128	570	52
4. Panch Mahals	7	168	1,869	7	168	1,869	14,479	603	54
5. Surat	11	228	2,650	11	228	2,650	12,457	601	52
6. Surat Municipality	12	52	541	12	52	541	2,305	532	51
7. Thana	23	381	4,253	23	381	4,253	8,404	507	45
Southern Division	101	2,454	27,872	101	2,454	27,872	..	..	..
1. Belgaum	12	487	5,786	12	487	5,786	21,267	524	44
2. Bijapur	13	385	4,767	13	385	4,767	17,310	584	47
3. Dharwar	20	505	5,684	20	505	5,684	12,899	511	45
4. Hubli Municipality	6	36	482	6	36	482	3,601	600	45
5. Kanara	19	299	2,623	19	299	2,623	5,198	330	38
6. Kolaba	16	277	3,177	16	277	3,177	8,929	516	45
7. Ratnagiri	15	465	5,353	15	465	5,353	18,458	595	52
Sind	108	1,669	20,011	108	1,669	20,011	..	..	..
1. Hyderabad	18	275	3,818	18	275	3,818	7,966	521	38
2. Karachi	22	183	1,812	22	183	1.812	2,591	432	44
3. Karachi Municipality ..	1	122	1,205	1	122	1.205	77,436	635	64
4. Larkana	16	273	3,282	16	273	3,282	8,797	516	43
5. Nawabshah	16	213	2,724	16	213	2,724	6,446	484	38
6. Sukkur	13	267	3,235	13	267	3,233	10,692	521	43
7. Thar and Parkar	11	230	2,702	11	230	2,702	9,580	458	39
8. Upper Sind Frontier ..	11	106	1,233	11	106	1,233	4,999	519	45
Total of British Districts	512	9,480	106,599	512	9,480	106,599	..	..	..
Aden Settlement.									
1. **Aden Settlement**	7	10	122	7	10	122	1,047	733	60
Total of British Districts and Bombay States.	703	11,917	130,641	703	11,917	130,641	..	..	..
Western Indian States Agency ..	218	2,694	23,947	218	2,694	23,947	..	..	..
Add Aden	7	10	122	7	10	122	..	..	..
Grand Total of Bombay Presidency ..	928	14,621	154,710	928	14,621	154,710	..	..	..

*Ahmedabad Municipality is not included.

STATEMENT No. I—*contd.*

WESTERN INDIA STATES AGENCY.

Name of State.	Number of			Number of			Average number of houses per		
	Charges.	Circles.	Blocks.	Charge Superintendents.	Supervisors.	Enumerators.	Charge Superintendents.	Supervisors.	Enumerators.
1	2	3	4	5	6	7	8	9	10
Western India States Agency ..	**218**	**2,694**	**23,947**	**218**	**2,694**	**23,947**	..	..	..
Seventeen Salute States	**125**	**1,922**	**18,307**	**125**	**1,922**	**18,307**	..	..	..
1. Cutch (including Adhoi Mahal)	13	228	2,114	13	228	2,114	10,664	608	66
2. Junagadh	22	325	3,281	22	325	3,281	6,502	440	44
3. Nawanagar	12	271	2,884	12	271	2,884	10,064	446	42
4. Bhavanagar	12	307	2,661	12	307	2,661	10,133	396	46
5. Porbandar	4	72	694	4	72	694	10,114	562	58
6. Dhrangadhra	8	100	602	8	100	602	4,160	333	55
7. Palanpur	9	148	1,991	9	148	1,991	9,853	599	45
8. Radhanpur	7	42	481	7	42	481	3,024	504	44
9. Morvi	5	72	684	5	72	684	5,816	404	43
10. Gondal	12	163	1,288	12	163	1,288	4,953	365	46
11. Jafrabad	4	14	84	4	14	84	975	279	46
12. Wankaner	4	32	256	4	32	256	2,916	365	46
13. Palitana	1	36	296	1	36	296	13,787	383	47
14. Dhrol	3	13	155	3	13	155	2,405	555	47
15. Limbdi	3	29	244	3	29	244	3,974	411	49
16. Rajkot	4	41	379	4	41	379	5,674	554	60
17. Wadhwan	2	29	213	2	29	213	5,329	367	50
B. Eastern Kathiawar Agency ..	**30**	**316**	**2,125**	**30**	**316**	**2,125**	..	..	..
1. Lakhtar	3	22	228	3	22	228	3,319	453	44
2. Sayla	5	14	115	5	14	115	1,041	372	45
3. Chuda	1	19	84	1	19	84	3,465	182	41
4. Vala	1	11	121	1	11	121	4,796	436	40
5. Lathi	1	8	54	1	8	54	2,757	345	51
6. Muli	1	15	160	1	15	160	6,669	445	42
7. Bajana	1	33	93	1	33	93	3,295	100	35
8. Patdi	1	2	18	1	2	18	686	343	38
9. Wadhwan Civil Station ..	1	11	107	1	11	107	5,119	465	48
10. Rest of the Agency ..	15	181	1,145	15	181	1,145	3,356	278	44
C. Western Kathiawar Agency ..	**54**	**352**	**2,381**	**54**	**352**	**2,381**	..	..	..
1. Jasdan	1	17	208	1	17	208	10,266	604	49
2. Manavadar	1	17	116	1	17	116	5,101	300	44
3. Thana Devli	1	11	94	1	11	94	3,986	362	42
4. Wadia	1	16	70	1	16	70	3,153	197	45
5. Virpur	2	5	39	2	5	39	846	338	43
6. Walia	1	7	71	1	7	71	2,822	403	40
7. Kotda Sanghani	1	7	72	1	7	72	2,946	421	41
8. D. S. Vala Mulu Surang of Jetpur (Pithadia).	1	5	44	1	5	44	1,744	349	40
9. D. S. Vala Rawat Ram of Jetpur (Bilkho).	1	19	93	1	19	93	4,179	220	45
10. Khairasra	1	4	56	1	4	56	2,589	617	46
11. Rajkot Civil Station ..	1	6	72	1	6	72	3,211	535	45
12. Rest of the Agency ..	42	238	1,446	42	238	1,446	1,370	242	40
D. Banas Kantha Agency ..	**9**	**104**	**1,134**	**9**	**104**	**1,134**	..	..	..
1. Tharad	1	25	277	1	25	277	12,545	502	45
2. Wao	1	12	116	1	12	116	5,768	481	50
3. Malik Shri Jorawarkhan's State (Varahi).	1	3	19	1	3	19	730	243	38
4. Rest of the Agency ..	6	64	722	6	64	722	5,279	495	44
Bombay States	**191**	**2,437**	**24,042**	**191**	**2,437**	**24,042**	..	..	..
1. Cambay State	2	38	350	2	38	359	16,353	861	91
Mahikantha Agency	**52**	**405**	**3,997**	**52**	**405**	**3,997**	..	..	..
1. Idar	13	181	2,102	13	181	2,102	5,082	365	31
2. Rest of the Agency ..	39	224	1,895	39	224	1,895	1,928	336	40

STATEMENT No. I—*concld.*

Name of State.	Number of			Number of			Average number of houses per		
	Charges.	Circles.	Blocks.	Charge Superintendents.	Supervisors.	Enumerators.	Charge Superintendents.	Supervisors.	Enumerators.
1	2	3	4	5	6	7	8	9	10
Rewakantha Agency	31	373	4,387	31	373	4,387	..	..	..
1. Rajpipla	8	117	1,367	8	117	1,367	5,231	358	31
2. Chhota-Udepur	5	59	680	5	59	680	5,038	427	37
3. Devgad-Baria	8	45	652	8	45	652	4,043	719	50
4. Lunawada	5	52	658	5	52	658	4,554	438	35
5. Balasinor	2	30	295	2	30	295	6,166	411	42
6. Sant	2	24	320	2	24	320	8,860	738	55
7. Sankhed-Mewas	1	46	415	1	46	415	12,609	274	30
8. Rest of the Agency ..	..	..	..	..	..	..	..	..	..
1. Jawhar	4	25	307	4	25	307	3,118	499	41
2. Janjira	11	73	598	11	73	598	2,289	345	42
3. Bhor	1	75	735	1	75	735	36,280	484	49
4. Aundh	6	59	457	6	59	457	3,416	347	45
5. Phaltan	2	33	328	2	33	328	7,797	473	48
6. Akalkot	4	43	445	4	43	445	4,743	441	43
7. Sawantwadi	4	139	909	4	139	909	12,081	348	53
8. Kolhapur ..	21	533	5,102	21	533	5,102	9,998	394	41
9. Kurundwad (Senior) ..	4	25	212	4	25	212	2,533	405	48
10. Kurundwad (Junior) ..	2	21	148	2	21	148	4,294	409	58
11. Miraj (Senior)	5	70	434	5	70	434	4,768	341	55
12. Miraj (Junior)	3	35	232	3	35	232	3,449	296	45
13. Jamkhandi	5	57	660	5	57	660	5,936	521	45
14. Mudhol	5	30	367	5	30	367	3,456	576	47
15. Ramdurg	3	19	190	3	19	190	3,185	503	50
16. Sangli	9	138	1,372	9	138	1,372	7,011	457	46
17. Wadi-Jahagir	1	1	5	1	1	5	260	260	52
18. Jath	2	40	470	2	40	470	11,096	555	47
19. Bansda	1	18	225	1	18	225	9,930	552	44
20. Dharampur	2	51	503	2	51	503	11,331	440	45
21. Sachin	1	12	145	1	12	145	5,943	495	41
22. Dangs	1	12	314	1	12	314	6,951	579	22
23. Khairpur	7	88	947	7	88	947	5,864	466	43
24. Surgana	1	9	88	1	9	88	2,500	278	28
25. Savanur	1	15	106	1	15	106	4,794	320	45
Total ..	106	1,621	15,299	106	1,621	15,299	..	..	..

N.B.—Statement No. I-A showing the divisions of non-synchronous tracts is attached.

STATEMENT No. I-A.

Showing details of the Non-Synchronous tracts.

Name of District or State.	Number of		
	Circles.	Blocks.	Houses.
1	2	3	4
1. **Bombay Presidency including** Bombay States and Agencies	403	3,898	119,836
2. **British Districts**	261	2,053	64,951
3. **Northern Division**	9	48	1,893
4. Thana	9	48	1,893
5. **Central Division**	100	1,333	43,743
6. East Khandesh	3	18	383
7. West Khandesh	36	641	16,945
8. Nasik	29	438	15,983
9. Poona	10	133	4,781
10. Satara	22	103	5,651
11. **Southern Division**	85	281	4,111
12. Kanara	85	281	4,111
13. **Sind**	67	391	15,204
14. Hyderabad	3	9	197
15. Karachi	41	172	5,582
16. Larkana	6	60	3,357
17. Sukkur	7	77	3,151
18. Thar and Parkar	9	72	2,898
19. Upper Sind Frontier	1	1	19
20. **Bombay States and Agencies**	147	1,845	54,885
21. Mahikantha Agency	5	88	3,155
22. Rajpipla	41	513	6,188
23. Bansda	12	314	6,718
24. Dangs	18	226	9,799
25. Dharampur	51	504	22,093
26. Khairpur	7	66	2,904
27. Surgana	9	88	3,039
28. **Western Kathiawar Agency**	4	46	989
29. Cutch	4	46	989

STATEMENT No. II—Part I.

Number of forms supplied and used—Major forms.

(a) = Supplied.
(b) = Used.

District or State.	Enumeration Book Covers.		House and Block Lists.		General Schedules. Actual Number.		General Schedules. Per 100 Occupied Houses.		Other Forms. Household Schedules.		Other Forms. Boat Tickets for Indus and its branches.		Other Forms. Travelling Tickets.	
	(a)	(b)	(a)	(b)	(a)	(b)	(a)	(b)	(a)	(b)	(a)	(b)	(a)	(b)
1	2	3	4	5	6	7	8	9	10	11	12	13	14	15
Bombay City ..	**5,500**	**4,900**	***5,000**	**3,800**	**250,000**	**134,350**	**759**	**408**	**4,000**	..	..	..	**175,000**	**15,600**
Northern Division	**23,856**	**21,903**	**43,535**	**38,810**	**525,199**	**476,099**	..	..	**4,051**	**3,279**	..	..	**134,000**	**88,834**
Ahmedabad ..	4,330	3,980	7,760	6,345	134,050	127,650	53	50	1,000	1,000	..	..	15,000	6,100
Broach ..	2,760	1,794	3,940	2,476	47,420	34,826	56	41	200	5	..	..	15,000	12,328
Kaira ..	6,145	5,723	12,060	10,794	130,035	115,830	71	63	700	123	..	..	30,000	17,281
Panch Mahals	2,365	2,365	5,225	5,225	47,660	47,660	55	55	1,095	1,095	..	..	7,000	7,000
Surat ..	3,530	3,315	7,500	6,920	80,155	64,254	53	42	556	556	..	..	30,000	9,125
Thana ..	4,726	4,726	7,050	7,050	85,879	85,879	51	51	500	500	..	..	37,000	37,000
Central Division	**44,510**	**41,221**	**77,240**	**54,339**	**901,365**	**818,551**	..	..	**6,575**	**4,428**	..	..	**172,000**	**142,000**
Ahmednagar ..	6,390	6,242	10,060	9,040	129,065	123,300	64	61	1,200	1,182	..	..	15,500	14,850
Khandesh East	7,610	7,047	14,060	8,964	152,065	136,488	64	57	950	188	..	..	22,000	16,517
Khandesh West	5,040	4,602	6,060	5,445	90,875	83,826	66	61	300	13	..	..	15,000	5,727
Nasik ..	6,202	6,650	11,100	1,100	128,220	110,800	57	57	1,000	385	..	..	22,000	22,000
Poona ..	6,360	6,135	10,000	8,720	146,125	136,025	59	55	1,500	1,500	..	..	37,000	35,000
Satara ..	7,258	6,538	14,360	10,000	147,005	125,977	57	49	325	50	..	..	31,500	21,169
Sholapur ..	4,655	3,992	7,550	7,020	85,850	79,975	50	46	300	110	..	..	22,000	19,744
Bombay Suburban.	995	995	4,050	4,050	22,160	22,160	53	53	1,000	1,000	..	..	7,000	7,000
Southern Division	**35,469**	**32,477**	**60,407**	**48,015**	**688,404**	**605,535**	..	..	**1,635**	**774**	..	..	**127,000**	**59,887**
Belgaum ..	6,958	6,899	11,580	10,267	137,825	124,993	63	57	500	325	..	..	22,000	10,495
Bijapur ..	6,285	5,735	9,540	6,847	128,055	107,131	69	58	200	200	..	..	22,000	16,950
Dharwar ..	7,329	7,277	15,500	13,250	150,779	134,220	65	38	700	195	..	..	22,000	12,100
Kanara ..	3,682	2,884	5,540	3,787	46,980	40,831	54	47	125	22	..	..	15,000	1,590
Kolaba ..	4,635	4,142	7,167	6,724	78,065	72,740	59	53	10	10	..	..	22,000	9,652
Ratnagiri ..	6,360	5,740	11,080	7,140	146,700	125,600	57	49	100	22	..	..	24,000	9,100
Sind ..	**24,148**	**22,998**	**38,340**	**34,097**	**465,570**	**422,541**	..	..	**3,825**	**3,003**	**5,700**	**4,875**	**178,000**	**147,164**
Hyderabad ..	5,200	4,535	10,000†	8,050	91,000	63,150	71	49	1,000	720	2,000	1,500	30,000	11,000
Karachi ..	3,433	3,433	4,100	4,100	79,930	79,930	59	59	1,675	1,675	1,500	1,500	37,000	37,000
Larkana ..	4,102	3,946	6,060	4,817	75,775	70,586	62	58	200	..	300	300	22,000	15,879
Nawabshah ..	2,584	2,584	4,920	4,920	52,055	52,055	57	57	400	160	500	480	22,000	19,500
Sukkur ..	4,119	4,119	5,700	5,700	80,345	80,345	67	67	300	300	500	500	30,000	30,000
Thar & Parkar.	3,240	3,120	5,560	5,127	56,825	52,275	60	55	50	50	..	..	22,000	20,600
Upper Sind Frontier.	1,470	1,261	2,000	1,383	29,640	24,200	57	46	200	98	900	595	15,000	13,185
Bombay States and Agencies.	**29,176**	**27,567**	**58,213**	**50,637**	**524,717**	**482,909**	..	..	**643**	**478**	**300**	**290**	**87,060**	**77,646**
Cambay ..	410	403	810	759	14,000	12,487	68	61	35	29	..	..	1,500	425
Mahi Kantha Agency														
Idar ..	2,195	2,195	2,300	2,300	31,925	31,925	54	54	20	20	..	..	1,000	1,000
Rest of the Agency.	3,025	2,672	5,800	2,204	36,725	32,249	66	58	130	90	..	..	14,000	12,400
Rewa Kantha Agency														
Rajpipla ..	1,675	1,560	3,096	2,900	24,067	21,540	64	56	24	24	..	..	3,000	3,000
Chhota Udepur	805	720	1,440	1,375	13,350	11,971	55	49	..	..	..	..	1,500	1,500
Deogad Baria ..	720	680	750	550	17,300	15,000	55	48	5	5	..	..	2,250	2,250
Lunawada ..	735	735	1,325	1,325	11,310	11,310	58	58	12	12	..	..	1,500	1,500
Balasinor ..	325	325	410	410	6,510	6,510	60	60	5	3	..	..	750	750
Sant ..	343	340	625	600	9,310	6,925	60	45	5	5	..	..	500	500
Sankheda Mewas	455	450	1,270	1,080	5,660	5,400	53	51	10	..	..	..	1,350	750
Rest of the Agency.	688	649	2,816	2,480	11,260	9,728	58	50	22	20	..	..	3,450	3,207
Jawhar ..	327	327	460	345	5,450	5,000	50	46	..	..	..	..	1,000	1,000
Janjira ..	645	645	1,210	1,210	12,300	11,300	60	57	..	..	..	..	1,000	1,000
Bhor ..	810	800	1,550	1,525	18,500	18,400	59	58	..	..	..	..	900	880
Aundh ..	585	552	1,000	465	11,500	9,061	70	55	25	3	..	..	2,000	1,257
Phaltan ..	461	353	700	642	9,046	7,228	73	58	13	3	..	..	2,000	1,410
Akalkot ..	530	469	810	686	10,950	9,719	56	47	25	..	..	..	1,500	850

*Special for Bombay.

†Including Special Forms for Hyderabad Municipality.

STATEMENT No. II—PART I—*contd.*

Number of forms supplied and used—Major forms—contd.

(a) = Supplied.
(b) = Used.

District or State.	Enumeration Book Covers.		House and Block Lists.		General Schedules. Actual Number.		General Schedules. Per 100 Occupied Houses.		Other Forms. Household Schedules.		Other Forms. Boat Tickets for Indus and its branches.		Other Forms. Travelling Tickets.	
	(a)	(b)	(a)	(b)	(a)	(b)	(a)	(b)	(a)	(b)	(a)	(b)	(a)	(b)
1	2	3	4	5	6	7	8	9	10	11	12	13	14	15
Sawantwadi ..	1,080	972	1,550	1,108	25.850	18,738	61	44	..	..	..	..	3,000	2,692
Jath ..	535	535	1,000	1,000	11,400	11,400	61	61	..	..	..	..	2,400	2,400
Bansda ..	245	242	310	261	4,725	3,636	50	38	10	10	..	..	750	750
Dharampur ..	525	525	1,810	1,185	9,725	9,305	45	43	25	..	..	..	1,500	1,500
Khairpur ..	1,135	1,185	2,000	1,940	25,000	24,400	60	59	..	..	300	290	14,500	13,000
Sachin ..	155	152	150	147	2,810	2,810	55	55	10	10	..	..	500	400
Dangs ..	350	335	690	674	3,320	3,190	51	47	..	..	..	..	1,500	1,304
Surgana ..	97	95	100	100	1,720	1.208	57	50	..	..	..	..	200	200
Savanur ..	110	108	250	217	2,110	1,834	52	45	..	..	..	..	10	80
Southern Maratha Country States.														
Kolhapur ..	5,815	5,815	18,500	18,500	100,675	100,675	55	55	100	100	..	..	12,000	12,000
Kurundwad (Senior).	240	240	450	406	4.975	4,475	56	51	25	25	..	..	500	450
Kurundwad (Junior).	350	200	200	180	4,570	4,330	61	58	25	25	..	..	750	750
Miraj (Senior)	530	526	585	535	12,525	10,637	67	57	25	25	..	..	1,500	1,500
Miraj (Junior)	325	325	350	350	5,425	5,425	63	63	20	20	..	..	750	750
Jamkhandi ..	795	680	1,100	700	16,025	14,000	67	59	..	..	..	..	1,500	800
Mudhol ..	335	385	400	400	8,125	8,125	60	60	..	..	..	..	1,000	1,000
Ramdurg ..	225	203	300	207	4,775	4,533	62	59	20	7	..	..	750	750
Sangli ..	1,537	1,513	2,136	1,861	31,667	28,303	59	53	50	40	..	..	4,500	3,391
Wadi Jahagir	6	6	10	10	132	132	38	38	..	..	..	..	250	250
Western India States Agency.	**32,534**	**30,576**	**47,255**	**43,458**	**612,376**	**559,799**	..	..	**2,146**	**1,337**	**5**	**5**	**85,450**	**67,819**
Salute States.														
Cutch ..	2,556	2,556	4,500	4,500	75,525	72,525	59	59	150	150	..	..	12,000	12,000
Bhavnagar ..	3.012	3,012	5.600	5,600	58.289	58,289	53	53	250	250	..	..	9,000	9,000
Junagad ..	7,055	6,985	5.600	5,261	73,233	66,083	66	59	70	38	..	..	9,500	9,500
Nawanagar ..	3,823	2,894	7,300	5,898	71,142	71,142	87	87	11	11	5	5	9,000	8,750
Porbandar ..	858	779	1.025	1,025	22,656	16,506	89	63	25	25	..	..	3,000	3,000
Dhrangadhra ..	744	644	1,500	900	18,014	13,000	95	68	12	10	..	..	2,250	550
Palanpur ..	2,377	2,272	2,250	2,220	45,003	36,526	74	60	100	32	..	..	4,500	1,225
Radhanpur ..	578	578	1,225	1,225	11,294	11,294	68	68	..	..	..	..	1,500	1,500
Morvi ..	900	884	1,025	960	16,800	14,550	74	64	10	6	..	..	2,250	2,250
Gondal ..	1,697	1,697	1,400	1,400	36,959	36,959	84	84	5	5	..	..	4,500	4,500
Jafrabad ..	106	100	410	300	2,204	2,075	82	77	..	..	..	..	500	500
Wankaner ..	400	325	625	560	6,281	4,809	67	67	73	55	..	..	2.000	2,000
Palitana ..	400	400	560	325	6,750	5,600	53	44	25	25	..	..	1,500	1,500
Dhrol ..	244	155	425	264	4,138	2,861	79	55	5	..	..	..	750	453
Limbdi ..	280	280	410	410	5,510	5,510	63	63	10	10	..	..	750	750
Rajkot ..	453	420	825	818	11,655	11,349	75	73	100	..	..	..	2,200	2,150
Wadhwan ..	250	250	825	775	6,471	5,777	69	61	100	100	..	..	750	750
Western Kathiawar Agency.	**2,856**	**2,830**	**5,000**	**5,000**	**55,718**	**54,100**	**73**	**71**	**300**	**300**	..	..	**7,500**	**4,800**
Eastern Kathiawar Agency.	**2,519**	**2,250**	**4,600**	**4,200**	**57,000**	**48,000**	**92**	**78**	**450**	**25**	..	..	**8,500**	**600**
Banas Kantha Agency.	**1,326**	**1,170**	**2,025**	**1,727**	**25,899**	**21,181**	**61**	**50**	..	..	..	..	**3,000**	**1,541**
Rajkot Civil Station.	100	95	125	90	1,815	1,713	73	68	450	295	..	..	500	500
Aden ..	**197**	**164**	**600**	**600**	**5,500**	**5,500**	**89**	**89**	..	..	..	..	**7,500**	**5,000**
Municipalities.														
Ahmedabad ..	2,700	2,320	13,000	6,400	22,400	12,400	10	15	100	100	..	..	22,000	15,000
Poona ..	625	81	1,050	520	26,000	25,245	16	16	100	100	..	..	15,000	13,500
Sholapur ..	420	410	1,150	1,075	11,450	11,150	8	8	500	500	..	..	10,500	10,000
Hubli ..	495	495	550	550	8,325	8,825	15	15	75	75	..	..	7,500	7.500
Surat ..	600	550	700	565	13,600	11,550	14	14	50	50	..	..	10,000	2,000
Karachi ..	2,110	1,785	3,000	1,311	51,503	40,985	21	17	1,107	457	..	..	22,500	18,416
Total ..	**6,950**	**5,641**	**19,450**	**10,421**	**133,778**	**110,155**	..	..	**1,932**	**1,282**	..	..	**87,500**	**66,416**
Grand Total ..	**202,340**	**187,447**	**350,040**	**284,177**	**4,106,909**	**3,615,439**	..	..	**24,807**	**14,581**	**6,005**	**5,170**	**1,053,510**	**670,266**
Total for 1921 ..	**189,648**	**174,006**	**346,807**	**294,619**	**3,762,515**	**3,265,626**	..	..	..	..	**19,485**	..	**1,419,590**	..

STATEMENT No. II—Part II.

Number of Forms supplied and used—II Minor Forms.

STATEMENT

Number of Forms Supplied

(a) = Supplied.

District or State.	Charge Register.		Letter of Authority.		Circle Summary.		Charge Summary.		Unemployment Schedules.	
	(a)	(b)	(a)	(b)	(a)	(b)	(a)	(b)	(a)	(b)
	1	2	3	4	5	6	7	8	9	10
Bombay City ..	300	250	3,000	2,650	1,200	1,040	50	49	20,000	500
Northern Division ..	**12,825**	**7,934**	**25,225**	**22,406**	**4,110**	**3,782**	**255**	**222**	**11,920**	**8,328**
Ahmedabad ..	2,700	1,275	4,100	3,864	806	806	60	57	2,470	2,270
Broach ..	930	477	2,550	1,183	530	239	28	20	1,800	1,051
Kaira ..	2,790	1,277	6,050	5,234	992	957	50	39	2,000	1,112
Panch Mahals ..	1,155	1,155	2,625	2,625	375	375	21	21	1,125	1,125
Surat ..	2,400	900	4,800	4,400	519	517	39	28	2,900	1,145
Thana ..	2,850	2,850	5,100	5,100	888	888	57	57	1,625	1,625
Central Division ..	**20,656**	**13,146**	**43,148**	**40,033**	**7,631**	**6,872**	**596**	**515**	**23,785**	**10,883**
Ahmednagar ..	3,000	2,260	6,100	5,880	1,120	1,115	71	68	1,500	1,440
Khandesh, East ..	2,826	1,802	7,000	6,766	1,246	1,183	111	88	3,160	495
Khandesh, West ..	1,550	884	4,150	3,299	795	685	53	40	4,675	243
Nasik ..	2,350	820	7,050	6,840	938	706	89	80	3,000	367
Poona ..	3,500	3,500	5,450	5,384	1,281	1,043	103	103	6,000	4,667
Satara ..	4,300	2,236	7,993	6,682	1,377	1,269	95	72	1,450	376
Sholapur ..	2,080	592	4,350	4,132	685	682	53	43	1,000	295
Bombay Suburban ..	1,030	1,050	1,050	1,050	189	189	21	21	3,000	3,000
Southern Division ..	**15,885**	**10,803**	**34,885**	**29,621**	**6,388**	**5,568**	**427**	**333**	**12,325**	**7,524**
Belgaum ..	3,450	2,915	7,860	7,828	1,343	1,148	65	55	1,375	527
Bijapur ..	2,495	1,284	5,550	5,267	1,173	1,118	71	64	1,000	581
Dharwar ..	3,350	3,300	8,200	5,095	1,175	1,140	37	44	5,000	4,650
Kanara ..	1,825	722	3,100	3,100	837	596	72	46	1,350	82
Kolaba ..	1,990	1,007	4,125	2,831	740	736	70	64	2,500	584
Ratnagiri ..	2,775	1,575	6,050	5,500	1,120	830	92	60	1,100	1,100
Sind ..	**9,745**	**7,947**	**20,790**	**19,842**	**3,131**	**2,843**	**309**	**295**	**16,100**	**11,711**
Hyderabad ..	1,375	1,175	3,575	3,150	500	380	100	100	4,000	3,800
Karachi ..	2,400	2,400	3,625	3,625	693	693	47	47	900	900
Larkana ..	1,530	840	3,523	3,297	600	584	37	37	5,000	3,054
Nawabshah ..	1,230	1,100	2,545	2,545	293	213	32	32	2,000	3
Sukkur ..	1,480	1,480	3,470	3,470	105	105	31	31	3,750	3,750
Thar and Parkar ..	1,080	792	2,525	2,475	703	674	35	30	400	200
Upper Sind Frontier ..	650	160	1,325	1,300	235	194	27	18	50	4
Bombay States and Agencies.	**11,706**	**9,972**	**32,365**	**30,373**	**5,622**	**5,448**	**483**	**435**	**8,724**	**7,208**
Cambay ..	200	106	510	370	85	85	6	6	500	340
Mahikantha Agency ..	**445**	**386**	**4,525**	**4,239**	**850**	**780**	**115**	**102**	**325**	**291**
Idar ..	44	44	2,100	2,100	350	350	25	25	100	100
Rest of the Agency ..	401	342	2,425	2,139	500	430	90	78	225	191
Rewakantha Agency ..	**1,077**	**861**	**5,630**	**4,895**	**962**	**945**	**92**	**90**	**799**	**505**
Rajpipla ..	350	331	1,550	1,210	261	261	25	25	159	6
Chhota Udepur ..	151	128	720	655	150	134	12	10	50	25
Deogad Baria ..	31	31	720	720	100	100	16	16	30	30
Lunawada ..	15	15	720	720	115	115	10	10	125	125
Balasinor ..	15	15	210	210	65	65	4	4	200	200
Sant ..	55	50	325	300	55	55	4	4	25	..
Sankheda Mewas ..	110	110	640	500	95	95	2	2	100	62
Rest of the Agency ..	350	181	745	580	121	120	19	19	100	57
Jawhar ..	180	175	345	345	55	55	8	8	2	2
Janjira ..	203	203	110	80	160	160	13	13	100	70
Bhor ..	375	360	860	835	170	169	8	7	150	5
Aundh ..	275	247	540	511	135	130	15	8	85	4
Phaltan ..	375	187	400	375	75	66	6	6	75	1
Akalkot ..	160	116	560	492	90	90	4	4	100	84
Sawantwadi ..	300	242	1,210	1,111	350	311	16	[illegible]	325	325
Jath ..	170	170	550	550	90	90	6	[illegible]	60	50
Bansda ..	50	50	510	460	40	36	4	[illegible]	100	..
Dharampur ..	125	125	1,110	800	110	110	4	4	150	..
Khairpur ..	450	420	1,050	1,035	200	200	14	14	90	5
Sachin ..	..	..	150	150	20	20	2	2	100	75
Dangs ..	60	37	..	..	25	25	2	2	....	..
Surgana ..	..	..	100	100	20	20	2	2	3	..
Savanur ..	50	21	150	122	35	35	4	4	100	58

No. II—Part II.

and Used—II Minor Forms.

(b) = Used.

Fertility Schedules.		District Summary.		Port Block List.		Notices to Masters of sea-going vessels.		Port Enumeration Pass-book.		Specimen General Schedules for Cantonment.		House List for Cantonment.		Circle Register for Cantonment.		Remarks.
(a)	(b)	(a)	(b)	(a)	(b)	(a)	(b)	(a)	(b)	(a)	(b)	(a)	(b)	(a)	(b)	
11	12	13	14	15	16	17	18	19	20	21	22	23	24	25	26	27
10,000	250	10	10	450	..	535	50	234	234	200	200	25	25	10	10	Besides Family Register forms were printed.
48,000	41,496	22	18	170	137	2,070	1,890	107	105	410	410	20	20	8	8	
10,000	9,600	4	4	10	10	25	25	..	..	410	410	20	20	8	8	
6,000	3,496	4	2	60	27	255	75	12	10	..	..	..	..	..	..	
7,000	6,030	4	2	..	..	..	..	..	..	..	..	..	..	..	..	
5,000	5,000	4	4	..	..	..	..	..	..	..	..	..	..	..	..	
10,000	7,370	4	4	20	20	215	215	5	5	..	..	..	..	..	..	
10,000	10,000	2	2	80	80	1,575	1,575	90	90	..	..	..	..	..	..	
89,815	65,514	35	32	15	15	110	110	5	5	730	680	210	210	81	81	
14,000	13,950	6	6	..	..	..	..	..	..	160	160	30	30	12	12	
11,000	933	5	2	..	..	..	..	..	..	..	..	..	..	..	..	
9,200	7,241	4	4	..	..	..	..	..	..	..	..	..	..	..	..	
13,000	8,431	4	4	..	..	..	..	..	..	160	160	30	30	12	12	
15,000	14,280	4	4	..	..	..	..	..	..	250	200	120	120	35	35	
15,615	13,273	4	4	..	..	..	..	..	..	..	..	..	..	..	..	
8,000	5,406	4	4	..	..	..	..	..	..	..	..	..	..	..	..	
2,000	2,000	4	4	15	15	110	110	5	5	160	160	30	30	22	22	
63,600	48,571	24	21	220	175	2,040	1,279	10	9	175	109	30	30	12	12	
10,000	7,482	4	2	..	..	..	..	..	..	175	109	30	30	12	12	
9,000	8,957	4	4	..	..	..	..	..	..	..	..	..	..	..	..	
13,600	12,685	4	4	..	..	..	..	..	..	..	..	..	..	..	..	
11,000	7,140	4	3	60	40	410	410	2	2	..	..	..	..	..	..	
9,000	4,307	4	4	100	100	615	615	5	5	..	..	..	..	..	..	
11,000	8,000	4	4	60	35	1,015	254	3	2	..	..	..	..	..	..	
60,000	46,777	26	26	100	100	300	300	135	135	200	200	55	55	22	22	
4,000	4,000	4	4	..	..	..	..	..	..	25	25	25	25	10	10	
12,000	12,000	4	4	100	100	300	300	135	135	175	175	30	30	12	12	
11,000	8,278	4	4	..	..	..	..	..	..	..	..	..	..	..	..	
8,000	2,300	4	4	..	..	..	..	..	..	..	..	..	..	..	..	
9,000	9,000	4	4	..	..	..	..	..	..	..	..	..	..	..	..	
11,000	8,000	4	4	..	..	..	..	..	..	..	..	..	..	..	..	
5,000	3,199	2	2	..	..	..	..	..	..	..	..	..	..	..	..	
48,855	42,586	76	72	70	65	270	159	18	15	160	160	30	30	12	12	
2,000	1,931	2	2	10	10	25	19	5	5	..	..	..	..	..	..	
5,000	3,434	4	4	..	..	..	..	..	..	..	..	..	..	..	..	
1,000	1,000	2	2	..	..	..	..	..	..	..	..	..	..	..	..	
4,000	2,434	2	2	..	..	..	..	..	..	..	..	..	..	..	..	
14,500	13,455	18	16	..	..	..	..	..	..	..	..	..	..	..	..	
2,000	2,000	2	2	..	..	..	..	..	..	..	..	..	..	..	..	
2,000	1,950	2	2	..	..	..	..	..	..	..	..	..	..	..	..	
2,000	2,000	2	2	..	..	..	..	..	..	..	..	..	..	..	..	
1,000	1,000	2	2	..	..	..	..	..	..	..	..	..	..	..	..	
1,000	1,000	2	2	..	..	..	..	..	..	..	..	..	..	..	..	
500	500	2	2	..	..	..	..	..	..	..	..	..	..	..	..	
500	500	2	2	..	..	..	..	..	..	..	..	..	..	..	..	
5,500	4,505	4	2	..	..	..	..	..	..	..	..	..	..	..	..	
..	..	2	2	..	..	..	..	..	..	..	..	..	..	..	..	
1,000	1,000	2	2	50	50	40	40	8	8	..	..	..	..	..	..	
2,000	950	2	2	..	..	..	..	..	..	..	..	..	..	..	..	
1,140	1,140	2	2	..	..	..	..	..	..	..	..	..	..	..	..	
1,260	1,034	2	2	..	..	..	..	..	..	..	..	..	..	..	..	
1,000	1,000	2	2	..	..	..	..	..	..	..	..	..	..	..	..	
2,000	2,000	2	2	10	5	205	100	5	2	..	..	..	..	..	..	
1,000	1,000	2	2	..	..	..	..	..	..	..	..	..	..	..	..	
1,000	450	2	..	..	..	..	..	..	..	..	..	..	..	..	..	
1,000	700	2	2	..	..	..	..	..	..	..	..	..	..	..	..	
1,000	1,000	2	2	..	..	..	..	..	..	..	..	..	..	..	..	
500	427	2	2	..	..	..	..	..	..	..	..	..	..	..	..	
..	..	2	2	..	..	..	..	..	..	..	..	..	..	..	..	
..	..	2	2	..	..	..	..	..	..	..	..	..	..	..	..	
695	481	2	2	..	..	..	..	..	..	..	..	..	..	..	..	

STATEMENT

Number of Forms Supplied

(a) = Supplied.

District or State.	Charge Register.		Letter of Authority.		Circle Summary.		Charge Summary.		Unemployment Schedules.	
	(a)	(b)	(a)	(b)	(a)	(b)	(a)	(b)	(a)	(b)
	1	2	3	4	5	6	7	8	9	10
Southern Maratha Country States.	7,221	6,266	14,055	13,903	2,150	2,121	162	146	5,670	5,393
Kolhapur	4,550	4,550	9,400	9,440	1,256	1,256	62	62	4,100	4,100
Kurundwad (Sr.) ..	110	30	300	295	60	56	10	10	50	50
Kurundwad (Jr.) ..	140	100	400	400	50	45	6	4	10	10
Miraj (Senior) ..	400	136	500	500	150	130	14	12	200	200
Miraj (Junior) ..	200	200	400	400	80	80	8	8	125	125
Jamkhandi.. ..	418	315	900	770	130	120	12	10	350	320
Mudhol	300	300	400	400	70	70	14	14	275	275
Ramdurg	93	66	231	231	45	38	10	6	50	31
Sangli	1,000	559	1,516	1,499	307	304	24	18	500	272
Wadi Jahagir ..	10	10	8	8	2	2	2	2	10	10
Western India States Agencies.	4,440	4,053	20,960	19,564	5,389	5,287	535	486	7,840	5,020
Salute States.. ..	3,490	3,374	16,170	15,834	3,764	3,679	434	386	5,490	3,925
Cutch	50	500	2,050	2,050	505	505	46	46	400	400
Bhavnagar	625	625	3,050	3,050	76	76	52	52	1,600	1,600
Junagad	1,160	887	1,050	1,050	715	688	60	52	700	337
Nawanagar ..	315	315	3,650	3,650	664	664	60	60	500	500
Porbandar	110	110	125	125	172	155	24	10	500	200
Dhrangadhra ..	325	200	750	740	224	224	28	28	350	250
Palanpur	110	110	2,000	1,920	327	303	38	22	300	..
Radhanpur.. ..	210	110	625	625	117	117	10	10	10	10
Morvi	60	60	825	810	190	184	22	15	10	6
Gondal	35	35	115	115	345	345	44	44	400	400
Jafrabad	55	40	210	150	37	37	6	5	10	10
Wankaner	110	100	300	260	69	69	8	8	60	43
Palitana	60	60	35	35	78	78	8	8	150	15
Dhrol	30	21	225	200	33	32	4	4	50	..
Limbdi	60	60	210	210	65	65	6	6	..	..
Rajkot	75	41	525	419	87	82	10	8	250	134
Wadhwan	100	100	425	425	60	60	8	8	200	20
Western Kathiawar Agency.	225	225	1,050	1,000	747	740	19	19	1,090	1,000
Eastern Kathiawar Agency.	450	350	2,040	1,160	630	620	60	60	1,200	70
Banaskantha Agency ..	215	79	1,600	1,500	232	232	18	18	50	15
Rajkot Civil Station ..	60	25	100	70	16	16	4	3	10	10
Aden	100	31	300	300	25	25	16	16	..	..
Municipalities.										
Ahmedabad ..	1,050	700	1,600	1,600	300	300	10	10	10,000	485
Poona	800	800	1,100	1,100	90	90	2	2	15,000	10,030
Sholapur	800	100	1,100	450	70	70	8	8	1,000	1,000
Hubli	290	290	700	700	70	70	2	2	700	700
Surat	800	450	700	675	120	110	8	8	1,000	750
Karachi	350	219	1,305	305	330	330	8	8	4,000	2,570
Total ..	4,090	2,559	6,505	4,830	980	970	38	38	31,700	15,535
Grand Total ..	79,747	56,695	187,178	169,619	34,476	31,835	2,709	2,389	132,394	66,709
Total for 1921 ..	94,374	59,986	159,564	153,544	53,457	36,662	2,069	1,974	..	..

No. II—Part II—*contd.*

and Used—II Minor Forms—contd.

(b) = Used.

Fertility Schedules.		District Summary.		Port Block List.		Notices to Masters of sea-going vessels.		Port Enumeration Pass-book.		Specimen General Schedules for Cantonment.		House List for Cantonment.		Circle Register for Cantonment.		Remarks.
(a)	(b)	(a)	(b)	(a)	(b)	(a)	(b)	(a)	(b)	(a)	(b)	(a)	(b)	(a)	(b)	
11	12	13	14	15	16	17	18	19	20	21	22	23	24	25	26	27
13,760	12,664	22	22	..	..	..	..	..	..	160	160	30	30	12	12	
3,000	3,000	4	4	..	..	..	..	..	..	160	160	30	30	12	12	
1,000	737	2	2	..	..	..	..	..	..	..	..	..	..	..	..	
1,000	950	2	2	..	..	..	..	..	..	..	..	..	..	..	..	
2,000	2,000	2	2	..	..	..	..	..	..	..	..	..	..	..	..	
1,000	1.000	2	2	..	..	..	..	..	..	..	..	..	..	..	..	
2,000	1,800	2	2	..	..	..	..	..	..	..	..	..	..	..	..	
1,000	1.000	2	2	..	..	..	..	..	..	..	..	..	..	..	..	
250	250	2	2	..	..	..	..	..	..	..	..	..	..	..	..	
2,010	1,427	2	2	..	..	..	..	..	..	..	..	..	..	..	..	
500	500	2	2	..	..	..	..	..	..	..	..	..	..	..	..	
49,500	43,790	42	42	110	100	547	545	42	42	..	..	..	..	..	..	
40,000	35,710	34	34	75	85	517	515	32	32	..	..	..	..	..	..	
5.000	5,000	2	2	20	20	220	220	5	5	..	..	..	..	..	..	
10.000	10,000	2	2	10	10	55	55	5	5	..	..	..	..	..	..	
2,000	2,000	2	2	10	7	55	53	5	5	..	..	..	..	..	..	
7,000	7,000	2	2	10	10	55	55	5	5	..	..	..	..	..	..	
1.000	250	2	2	10	10	55	55	5	5	..	..	..	..	..	..	
2,000	1,800	2	2	..	..	..	..	..	..	..	..	..	..	..	..	
2.000	..	2	2	..	..	..	..	..	..	..	..	..	..	..	..	
1,000	1.000	2	2	..	..	..	..	..	..	..	..	..	..	..	..	
1,000	10	2	2	10	3	55	35	5	5	..	..	..	..	..	..	
1,000	1,000	2	2	..	..	..	..	..	..	..	..	..	..	..	..	
1,000	1,000	2	2	5	5	22	22	2	2	..	..	..	..	..	..	
1,000	900	2	2	..	..	..	..	..	..	..	..	..	..	..	..	
1.000	750	2	2	..	..	..	..	..	..	..	..	..	..	..	..	
1.000	1,000	2	2	..	..	..	..	..	..	..	..	..	..	..	..	
1,000	1,000	2	2	..	..	..	..	..	..	..	..	..	..	..	..	
1,000	1,000	2	2	..	..	..	..	..	..	..	..	..	..	..	..	
2.000	2,000	2	2	..	..	..	..	..	..	..	..	..	..	..	..	
3,000	2,500	2	2	25	25	15	15	5	5	..	..	..	..	..	..	
4,000	3,600	2	2	10	10	15	15	5	5	..	..	..	..	..	..	
2,000	1,483	2	2	..	..	..	..	..	..	..	..	..	..	..	..	
500	497	2	2	..	..	..	..	..	..	..	..	..	..	..	..	
..	..	2	2	100	100	300	300	..	..	30	30	10	..	5	..	
10,000	7,900	2	2	..	..	..	..	..	..	..	..	..	..	..	..	
3,000	80	2	2	..	..	..	..	..	..	..	..	..	..	..	..	
6,000	5,500	2	2	..	..	..	..	..	..	..	..	..	..	..	..	
1,000	1,000	2	2	..	..	..	..	..	..	..	..	..	..	..	..	
3,000	500	2	2	..	..	..	..	..	..	..	..	..	..	..	..	
7,955	7,417	2	2	180	50	200	63	..	..	..	..	..	..	..	..	Besides Family register forms were printed.
30,955	22,397	12	12	180	50	200	63	..	..	..	..	..	..	..	..	
400,725	311,381	249	235	1,365	742	6,392	4,696	551	545	1,905	1,739	380	370	150	145	
..	..	236	233	1,461	1,149	6,532	5,258	..	..	27,314	22,030	662	612	244	215	

STATEMENT No. III.

Forms arranged by Languages.

Name of form.	English.	Marathi.	Gujarati.	Kanarese.	Sindhi.	More than one language.	Total.	Remarks.
Charge Registers ..	3,500	36,000	28,000	9,000	10,000	..	86,500	
House and Block Lists ..	7,000	150,000	120,000	46,018	37,800	..	360,818	
House List for Cities ..	7,433	618	3,018	..	..	..	11,069	
Block Lists for Cities ..	..	..	10,018	..	..	..	10,018	
Letters of Authority ..	5,000	80,003	60,000	21,000	23,600	..	189,603	
General Schedules ..	370,000	1,630,000	1,350,000	405,000	405,000	..	4,160,000	
Enumeration Book Covers ..	13,803	80,003	64,003	20,003	24,000	..	202,812	
Travelling Tickets ..	..	..	..	..	..	1,462,600	1,462,600	In five languages—E., M., G., K., S.
Circle Summary ..	6,000	13,250	12,500	4,000	4,250	..	40,000	
Charge Summary ..	2,400	350	950	..	..	..	3,700	
District Summary ..	275	..	..	..	..	..	275	
Specimen General Schedules for Cantonment.	3,000	..	..	..	..	..	3,000	
Port Enumeration Pass Books ..	*860	..	..	..	..	..	860	* Of 20 leaves each.
Port Block Lists ..	..	..	..	..	..	1,650	1,650	In E., M., G. and S.
Notices to Masters of Sea-going vessels.	1,500	4,000	1,000	..	..	..	6,500	
Enumeration Boat Tickets for Ports on the Indus and its branches.	..	..	..	..	..	6,250	6,250	E. and S.
Fertility Schedules ..	400,000	..	..	..	..	..	400,000	
Unemployment Schedules ..	145,000	..	..	..	..	..	145,000	
Household Schedules ..	25,000	..	..	..	..	..	25,000	
House lists for Cantonment ..	900	..	..	..	..	..	9,000	
Circle Register for Cantonment .	300	..	..	..	..	..	300	

STATEMENT No. IV.

Showing number of slips by religions with the number of reams required and their cost.

R = Ream and S = Sheets.

Colour.	Males.	Females.	Total number of slips.	No. of reams.		Paper. Size of	Cost of			Remarks.
				R.	S.		Rs.	a.	p.	
Badami	12,000,000	11,250,000	23,250,000	583	184	30″×40″ 521 lbs.	5,123	13	3	
White	2,812,000	2,357,000	5,169,000	130	..	30″×40″ 521 lbs.	1,513	15	4	
Yellow	102,000	53,000	155,000	4	..	30″×40″ 521 lbs.	39	0	0	
Green	181,000	138,000	319,000	8	..	30″×40″ 521 lbs.	78	0	0	
Blue	287,500	265,500	553,000	14	..	30″×40″ 521 lbs.	136	8	0	
Red	84,000	121,000	205,000	6	..	30″×40″ 521 lbs.	58	8	0	
Supplementary Printing at the Government Photozinco Office, Poona.										
Badami	566,540	575,000	1,141,540	29	..	30″×40″ 521 lbs.	259	3	0	
White	552,000	409,275	961,275	24½	..	30″×40″ 521 lbs.	285	5	2	
Red	50,000	1,700	51,700	1½	..	30″×40″ 521 lbs.	14	10	0	
Green	34,000	22,275	56,275	1	200	30″×40″ 521 lbs.	18	11	0	
Blue	154,200	111,985	266,185	6	350	30″×40″ 521 lbs.	65	4	0	
Supplementary Printing at the Commissioner's Printing Press, Karachi.										
Badami	300,000	150,000	450,000	13	70	See remarks column.	109	12	9	R. 9 S. 400 were of 25″×40″—42 lbs. and R. 3 S. 150 were of 27″×34″—48 lbs.
White	400,000	350,000	750,000	24	280	See remarks column.	311	8	11	R. 1 S. 30 were of 27″×34″—48 lbs. and R. 23 S. 250 were of 25″×40″—52 lbs.
Red	28,000	19,000	47,000	4	.	20″×27″ 181 lbs.	11	12	0	
							8,110	15	5	
						Printing and cutting of slips.	3,579	11	0	at the Government Photozinco Office, Poona.
						Do.	164	11	0	at the Commissioner's Printing Press, Karachi.
							454	4	0	Cost of 158 wooden boxes at Rs. 2-14-0 per box each holding 200,000 slips.
							1,291	11	3	Packing and Despatching charges.
						Grand Total .	5,490	5	3	

STATEMENT

Location and character of

Location of offices.				Floor space in square feet.	Remarks.
Place.	Description of Buildings.	Owner of Buildings.	Rental.		
1	2	3	4	5	6
			Rs.		
Ahmednagar (Bombay Office).	Upper storey of shop of Cursetjee and Sons and one godown.	Messrs. Cursetjee and Sons.	65 p.m.	2,962·5	Was occupied for seven months.
Ahmednagar (Maharashtra Office).	(1) Old Local Board Office.	Messrs. Cursetjee and Sons.	110 p.m.	4,856	(1) Was occupied for 7 months from 2nd March 1931 to 30th September 1931.
	(2) Old School Board Office.	Messrs. Cursetjee and Sons.	50 p.m.	1,940	(2) Was occupied for copying and sorting from 2nd March 1931 to 22nd August 1931.
	(3) Mahmed Salahuddin, Poona.	Mahamed Salahuddin, Poona.	30 p.m.	1,463	(3) Was occupied for copying purposes from 20th March 1931 to 31st May 1931.
	(4) Irani Building ..	Khansaheb K. S. Irani.	80 p.m.	2,006	(4) Was occupied for sorting purposes from 1st June 1931 to 31st August 1931.
Surat ..	(1) Old English Factory Buildings.	Dr. A. D. Cooper ..	115 p.m.	4,780	(1) 7 gangs at copying stage and 11 gangs at sorting stage.
	(2) Old English Factory Buildings.	Mr. D. D. Cooper ..	65 p.m.	1,884	(2) 3 gangs at copying stage and 6 gangs at sorting stage.

No. V.

Abstraction Offices in 1931.

Work done in copying stage.		Work done in Sorting Stage.		Other Special Work done.		Remarks.
Districts copied.	Population.	Districts sorted.	Population.	Nature of work.	For what region.	
7	8	9	10	11	12	13
Bombay City ..	1,161,383	Bombay City ..	1,161,383	Housing Statistics Tabulation.	Bombay City.	
Grand Total ..	10,680,731	Same as in column 7 ..	(Same as in column 8.)	Village Tables	For the whole area abstracted and compiled.	Kolaba District was allowed to do its slip copying work locally. But the work was not properly done and was completed only in one or two talukas. The whole had therefore to be rechecked or done again. The work of Fertility Schedules was done in the Central Compilation office. So also compilation of Tables X, XI-A and XI-B which remained unfinished was done by a special establishment in the same office.
Ahmednagar ..	988,206					
Bombay Suburban ..	179,521					
East Khandesh ..	1,206,035					
Kolaba	628,721					
Nasik	1,000,048					
Poona	1,169,798					
Ratnagiri	1,302,527					
Satara	1,179,712					
Sholapur	877,520					
Thana	836,625					
West Khandesh ..	771,794					
Total ..	10,140,510					
States.						
Aundh	76,507					
Akalkot	92,605					
Bhor	141,546					
Janjira	98,296					
Jawhar	57,261					
Phaltan	58,761					
Surgana	15,245					
Total ..	540,221					
Grand Total ..	6,574,995	**Grand Total** .	6,903,549	Village Tables and Fertility work compilation.	For the whole area abstracted.	The work of compiling table XI-A which was not done was done at the Central Compilation office by a special establishment.
British Districts.		**British Districts.**				
Ahmedabad ..	924,033	Ahmedabad ..	924,033			
Broach	334,170	Broach	334,170			
Kaira	741,650	Kaira	741,650			
Panch Mahals ..	434,526	Panch Mahals ..	454,526			
Surat	693,613	Surat	693,613			
Total ..	3,147,992	**Total** ..	3,147,992			
Bombay States.		**Bombay States.**				
Cambay	87,761	Cambay	87,761			
Mahikantha except Idar.	255,504	Mahikantha except Idar.	255,504			
Rewakantha ..	676,132	Rewakantha ..	888,086			
Bansda	48,839	Bansda ..	48,839			
Dharampur ..	112,031	Dharampur ..	112,031			
Sachin	22,107	Sachin ..	22,107			
Dangs	33,748	Dangs	33,748			
Total ..	1,236,122	**Total** ..	1,448,076			
Western India States Agency.	2,190,881	Western India States Agency.	2,307,481			

STATEMENT

Location of offices.				Floor space in square feet.	Remarks.
Place.	Description of Buildings.	Owner of Buildings.	Rental.		
1	2	3	4	5	6
			Rs.		
Dharwar ..	Karnatak College E Hall on the upper floor of the East wing with adjoining verandahs and two small rooms adjoining it.	Government	Nil ..	5,000	....
Hyderabad (Sind)	Indian Infantry Lines ..	Government ..	72 p.m. by transfer credit.	2,907	....
Idar State Himmatnagar.	New building of the Himmatnagar Primary School.	State ..	Nil ..	1,800	....
Kolhapur ..	13 Rooms ..	Kolhapur State ..	100 p.m ..	....	....
Sawantwadi ..	Part of the old palace upstairs consisting of a Hall and a small room.	Sawantwadi Darbar	Free ..	Not ascertained.	....
Cutch Bhuj ..	Sanskrit Path-Shala ..	State ..	Nil ..	2,000	....
Nawanagar State Jamnagar.	The Old Darbar Palace ..	State ..	Nil ..	1,500	....
Gondal ..	Secretariat ..	State ..	....	1,160	....
Palitana ..	Three small rooms	State ..	....	465	....
Bhavnagar ..	Upper storey of a residential Bungalow of Nagarshet near washing ghat.	Prabhudas Bhagwandas Nagarshet.	75 p.m. ..	2,182	....

No. V—*contd.*

Work done in copying stage.		Work done in Sorting Stage.		Other Special Work done.		Remarks.
Districts copied.	Population.	Districts sorted.	Population.	Nature of work.	For what region.	
7	8	9	10	11	12	13
Grand Total ..	8,160,017	Grand Total ..	3,577,852	Fertility—Schedules and Village Tables.	For Dharwar, Belgaum, Bijapur and Kanara Districts.	
British Districts.		British Districts.				
Dharwar ..	1,102,677	Dharwar	1,102,677			
Belgaum ..	1,076,701	Belgaum	1,076,701			
Bijapur ..	869,220	Bijapur	869,220			
		Kanara	417,835			
Total ..	3,048,598	Total ..	3,466,433			
States.		States.				
Jath ..	91,099	Jath	91,099			
Savnur ..	20,320	Savnur	20,320			
Total ..	1,11,419	Total ..	111,419			
Grand Total ..	3,823,513	Grand Total ..	4,114,253			
British Districts.		British Districts.				
Hyderabad ..	662,924	Hyderabad ..	662,924			
Karachi ..	650,240	Karachi	650,240			
Larkana ..	693,735	Larkana ..	693,735			
Nawabshah ..	496,012	Nawabshah ..	496,012			
Sukkur ..	623,779	Sukkur	623,779			
Thar and Parkar ..	468,040	Thar and Parkar ..	468,040			
		Upper Sind Frontier ..	291,740			
Total ..	3,595,330	Total ..	3,887,070			
States.		States.				
Khairpur ..	227,183	Khairpur	227,183			
Idar State ..	262,660	Idar State ..	262,660			
Kolhapur and S. M. C. States.	1,648,248	Kolhapur and S. M. C. States.	1,648,248			
Sawantwadi State	230,589	Sawantwadi State ..	230,589			
Cutch State	514,307	Cutch State ..	514,307			
Nawanagar State	409,192	Nawanagar State ..	409,192			
Gondal State	205,846	Gondal State ..	205,846			
Palitana State	62,150	Palitana	62,150			
Bhavnagar State	500,274	Bhavnagar ..	500,274			

STATEMENT No. VI.

Slip Copying.

Office.	Population dealt with.	No. of copyists.	Date of Commencement.	Date of Completion.	Average daily outturn per head.	Remarks.
Maharashtra Abstraction Office ..	10,680,731	323	4–3–1931	19–6–1931	524	
Bombay Abstraction Office ..	1,161,383	84	10–3–1931	9–5–1931	299	
Central Abstraction Office, Surat ..	6,574,995	220	5–3–1931	4–6–1931	573·5	
Central Abstraction Office, Dharwar	3,160,017	160	6–3–1931	7–5–1931	482	
Central Abstraction Office, Hyderabad (Sind).	3,822,513	200	16–3–1931	11–6–1931	357	
Abstraction Office, Aden ..	....	..	....	....	..	
Abstraction Office, Idar State ..	262,660	12	16–3–1931	4–5–1931	455	
Abstraction Office, Sawantwadi ..	230,589	15	28–4–1931	5–6–1931	270	
Abstraction Office, Kolhapur ..	1,648,248	140	23–3–1931	4–6–1931	384·3	
Abstraction Office, Cutch ..	514,307	48	23–3–1931	23–4–1931	335	
Abstraction Office, Nawanagar ..	409,192	24	6–4–1931	22–5–1931	426	
Abstraction Office, Bhawnagar ..	500,274	53	23–3–1931	9–5–1931	327	
Abstraction Office, Gondal ..	205,846	32	21–3–1931	16–4–1931	400	
Abstraction Office, Palitana ..	62,150	6	26–3–1931	7–5–1931	241	
Abstraction Office, Balasinore ..	52,525	5	21–3–1931	28–4–1931	102	
Abstraction Office, Deogad-Baria ..	159,429	16	16–3–1931	24–4–1931	386	

STATEMENT No. VII.

Showing the average outturn of work in each week during the period of Copying.

Name of Office	I Week	II Week	III Week	IV Week	V Week	VI Week	VII Week	VIII Week	IX Week	X Week	XI Week	XII Week	XIII Week	XIV Week	XV Week	XVI Week
Maharashtra Abstraction Office, Ahmednagar.	..	222	400	433	450	517	535	566	567	606	661	561	608	463	486	562
Bombay Abstraction Office, Ahmednagar.	180·4	319·8	336·6	363·7	368·1	389·2	310	362·7	199	..	..	..	..	..	..	..
Central Abstraction Office, Surat.	256	373	462·8	545·4	528·5	577·7	575·8	540·3	581·4	640·7	641·2	603·2	678·9	108	..	..
Central Abstraction Office, Dharwar.	160	400	525	501	608	648·39	597	635·5	582·9	446·9	360	..	..	..	..	..
Central Abstraction Office, Hyderabad (Sind).	199	364	290	310	377	415	478	301	410	474	..	348	173	..	..	..
Abstraction Office. Idar.	414·7	586·8	702	859·9	..	867·9	..	..	..	..	..	..	..	..	..	..
Abstraction Office, Sawantwadi.	197	230	279	297	268	327	371	321	310	205	..	..	..	..	..	..
Abstraction Office, Kolhapur.	303·1	..	306·8	384·3	330·9	404·9	439·6	..	383·7	..	..	..	..	..	..	..
Abstraction Office, Cutch.	256·5	321·7	415·3	555	717·7	..	..	..	..	..	..	..	..	..	..	..
Abstraction Office. Nawanagar.	325	400	407	408	418	430	402	..	..	..	..	..	..	..	..	..
Abstraction Office, Bhawnagar.	251·5	399·5	351·7	327·1	285·3	307·5	340·5	..	..	..	..	..	..	..	..	..
Abstraction Office, Gondal.	222	278	394	310	..	..	..	..	..	..	..	..	..	..	..	..
Abstraction Office, Palitana.	288	257	299	295	314	244	..	..	..	..	..	..	..	..	..	..
Abstraction Office, Balasinore.	410	506	411	612	599	..	..	..	..	..	..	..	..	..	..	..
Abstraction Office, Deogad-Baria.	366	423	388	Work stopped for want of slips.		414	..	..	..	..	..	..	..	..	..	..

STATEMENT No. VIII—PART A.

Showing Progress of Sorting (British Districts).

Table	Bombay Abstraction office, Ahmednagar — Up to the end of				Maharashtra Abstraction Office, Ahmednagar — Up to the end of				Central Abstraction Office, Surat — Up to the end of				Central Abstraction Office, Dharwar — Up to the end of				Central Abstraction Office, Hyderabad (Sind) — Up to the end of		
	May	June	July	August	June	July	August	September	June	July	August	September	June	July	August	September	July	August	September
VI ..	..	42	..	..	..	297	..	..	..	340	..	..	6	173	14	..	140	..	..
VII ..	..	..	..	42	128	99	..	..	136	204	..	..	102	89	2	..	140	..	..
VIII ..	..	..	..	42	..	39	267	..	..	..	224	116	..	15	173	..	..	140	..
X ..	..	..	42	..	..	..	235	62	..	..	172½	167½	..	..	193	..	..	..	140
XI-A ..	..	..	..	42	..	5	292	..	..	..	340	..	..	..	193	..	..	140	..
XI-B ..	..	..	..	42	..	..	297	..	..	..	50	290	..	..	..	193	..	..	140
XIII ..	..	..	..	42	..	198	99	..	..	340	..	..	34	146	13	..	140	..	..
XIV ..	..	..	..	42	37	100	160	..	..	..	224	116	..	40	153	..	..	140	..
XV ..	..	..	42	..	..	198	99	..	..	340	..	..	..	178	17	..	140	..	..
XVI ..	42	..	..	..	297	..	..	..	..	340	..	..	..	186	7	..	140	..	..
XVII ..	..	42	..	..	..	93	204	..	..	..	340	..	..	97	96	..	..	140	..
XIX ..	..	..	42	..	..	..	297	..	..	..	349	..	..	..	193	..	..	..	140
IX-Parts I, II and III.	..	42	..	..	..	..	297	..	..	..	..	340	..	..	..	193	..	..	140
XII ..	..	..	..	..	..	..	297	..	..	..	..	340	..	..	..	..	..	..	140

STATEMENT No. VIII—PART B.

Showing the Progress of Sorting (States)—1931.

Table	Abstraction Office, Idar State — Up to the end of				Abstraction Office, Sawantwadi State — Up to the end of			Abstraction Office, Kolhapur State — Up to the end of			Abstraction Office, Cutch State — Up to the end of			Abstraction Office, Nawanagar State — Up to the end of			Abstraction Office, Bhawnagar State — Up to the end of				Abstraction Office, Gondal State — Up to the end of			Abstraction Office, Palitana State — Up to the end of			
	June	July	August	September	June	July	August	July	August	September	May	June	July	June	July	August	June	July	August	September	May	June	July	June	July	August	September
VI	12	..	..	..	..	..	6	54	..	..	..	56	..	21	..	..	..	30	..	..	..	10	..	..	..	..	6
VII	12	..	..	..	..	6	..	54	..	..	56	..	..	21	..	..	30	..	..	..	..	10	..	6	..	..	..
VIII	..	12	..	..	..	..	6	..	54	..	..	56	..	..	21	..	..	..	30	..	..	..	10	..	6	..	..
X	..	..	12	..	..	..	..	..	..	54	..	..	56	..	..	21	..	..	..	30	..	..	10	..	..	..	6
XI-A	..	..	12	..	..	..	6	..	54	..	..	..	56	..	..	21	..	..	..	30	..	..	10	..	..	..	6
XI-B	..	..	12	..	..	..	..	..	..	..	..	..	..	..	..	21	..	..	..	30	..	..	10	..	..	..	6
XIII	12	..	..	..	..	..	6	..	..	..	..	56	..	..	21	..	30	..	..	..	..	10	..	..	..	6	..
XIV	..	12	..	..	..	..	6	..	54	..	..	..	56	..	21	..	..	30	..	..	..	10	..	..	..	6	..
XV	12	..	..	..	..	..	6	54	..	..	..	56	..	..	21	..	..	..	30	..	..	10	..	..	..	..	6
XVI	..	12	..	..	..	..	..	..	..	54	..	..	..	..	21	..	..	..	..	30	10	..	..	6	..	..	..
XVII	12	..	..	..	..	..	6	54	..	..	..	56	..	..	21	..	..	30	..	..	..	..	10	..	6	..	..
XIX	..	..	12	..	..	..	..	..	..	54	..	56	..	..	21	..	..	..	30	..	10	..	..	..	6	..	..
IX	..	12	..	..	..	..	..	54	..	..	..	56	..	..	21	..	..	..	..	..	10	..	..	..	..	6	..
XII	..	..	..	12	..	..	..	54	..	..	..	..	56	..	21	..	..	..	..	..	10	..	..	..	..	6	..

STATEMENT

Showing the staff required in Abstraction Offices, 1931—

Note.—The actual staff employed varied from time to time. In this table

		Details of Superior staff, i.e..							
Office.	Population handled	No. of Deputies.	Name.	Rank.	Pay and allowance.	No. of Accountants.	Name.	Rank.	Pay and allowance.
1	2	3	4	5	6	7	8	9	10
Bombay Abstraction Office, Bombay City, at Ahmednagar.	1,161,383	1	Mr. G. V. Tikekar.	Mahalkari, Ahmednagar District.	Rs. 225 p.m.	1	Mr. Anant Trimbak Kshirsagar.	Pensioner, Sub-Post Master.	Rs. 65 p. m.
Maharashtra Abstraction Office, Ahmednagar.	10,680,731	1	Mr. K. B. Damle.	Mamlatdar, 2nd grade.	Rs. 325 p.m.	1	Mr. K.D. Dudhat	Revenue Clerk, passed qualifying test and Accountant's examination.	Rs. 100 p. m.
						1	Mr. B. M. Kanade.	Candidate ..	Rs. 55 p.m.
						†1	Clerk for office.	Do. ..	Rs. 35 p.m.
Central Abstraction Office, Surat.	Copying stage 6,574,995 Sorting and Compilation stage— 6,903,549	1	Mr B. M. Tarkunde	Outsider and Oxford Graduate.	Rs. 350 p.m.	1	Mr. S. G. Joshi.	Permanent Revenue clerk, passed Head Accountant's Examination.	Rs. 85 p. m.
		1	Mr. G. I. Nandi ..	Head Accountant, Rajkot Treasury.	Rs. 250 p.m.				
Central Abstraction Office, Dharwar.	Copying stage 3,160,017 Sorting and Compilation stage— 3,577,852	1	Mr. V. S. Koimathur.	2nd grade Mamlatdar.	Rs. 325 p.m.	1	Mr. K. A. Nadkarni.	Revenue Pensioner.	Rs. 80
Central Abstraction Office, Hyderabad (Sind).	Copying stage 3,822,513 Sorting and Compilation stage— 4,114,253	1	Mr. J. M. Samson..	Huzur Dy. Collector.	Rs. 600 p.m. consolidated.	1	Mr. Thamatmal Assudomal.	Revenue Pensioner.	Rs. 84 p. m.

No. IX—Part A.

Part I—Superior staff. (British Districts).

is given the normal staff when the office was working at full strength.

Deputy Superintendents, Accountants and Record-keepers.

No. of Inspectors.	Name.	Rank.	Pay and allowance.	No. of Record Keepers and Clerks.	Name.	Rank.	Pay.	Remarks.
11	12	13	14	15	16	17	18	19
1	Mr. T. H. Graham.	Pensioner Warder.	Rs. 125 p.m.	1	Mr. G. N. Kulkarni.	Pensioner Nazir.	Rs. 65 p.m.	
				*1	....	Clerk ..	Rs. 40 p.m.	*Provincial Superintendent's No., A.B.S. T. 5, dated 24th March 1931, only for two months.
1	Mr. K. K. Abhyankar.	Pensioner Head Accountant.	Rs. 125 p.m.	1'	Mr. S. V. Bhonde ..	Revenue Pensioner.	Rs. 60 p.m.	
1	Mr. B. M. Paranjapye	Pensioner Inspector of Registration.	Rs. 100 p.m.	1	Assistant Record-Keeper.	Candidate ..	Rs. 40 p.m.	
1	Mr. T. G. Bhadbhade.	Pensioner Mahalkari.	Rs. 100 p.m.	‡1	Do.	Do. ..	Rs. 40 p.m.	†For three months only. ‡For April and May 1931 only.
1	Mr. S. V. Desai ..	Pensioner Mahalkari.	Rs. 125 p.m.	1	Mr. M. N. Adhvaryu.	Permanent Revenue clerk.	Rs. 75 p.m.	
1	Mr. K. M. Mody ..	Government Pensioner.	Rs. 125 p.m.					
1	Mr. B. K. Patil—Pay 120.	Senior Clerk, Account's Office, Dharwar.	Rs. 125 p.m.	1	Mr. T. L. Patil pay 65 + Dy. A. 15.	Senior Revenue clerk.	Rs. 80 p.m.	
1	Mr. I. I. Indi ..	Pensioner Sub-Police Inspector.	Rs. 100 p.m.					
1	Mr. Ramchandra Uternomal, B.A.	Permanent Head Karkun.	Rs. 102 p.m.	1	Mr. J. F. Xavier ..	Permanent Revenue Clerk.	Rs. 60 p.m.	
1	Mr. Allimahamed Hajimahamed, B.A.	2nd Munshi ..	Rs. 84 p. m.					

STATEMENT

Showing the staff required in Abstraction Offices in 1931 —

Note.—The staff employed varied from time to tire. In this statement

Office.	Population handled.	Copying stage.						Sorting stage.							
		Copyists		Checkers.		Supervisors.		Sorters.		Supervisors.		Inspectors.		Compilers.	
		No.	Piece-work rate per 100 slips.	No.	Pay.	No.	Pay.	No.	Pay.	No.	Pay	No.	Pay.	No.	Pay.
1	2	3	4	5	6	7	8	9	10	11	12	13	14	15	16
Bombay Abstraction Office, Bombay City, at Ahmednagar.	1.161,383	75	At Re 0-5-0 per 100 slips.	9	Rs 50 p.m. each.	3	Rs 60 p.m. each.	42	At Rs. 1-8-0 per day each.	6	Rs. 55 p.m. each.	1	Rs 125 p.m.	6	Rs. 45 p.m. each.
Maharashtra Abstraction Office, Ahmednagar.	10,680,731	323	At Re. 0-4-0 per 100 slips Marathi and at Re. 0-5-0 per 100 slips English.	30 1 15	Rs 40 p.m. each. Rs. 35 p. m. Rs. 45 p. m. each.	14	Rs. 60 p.m. each.	310	At Re 1-4-0 per day each.	12 6 9	Rs. 60 p.m. each. Rs. 50 p. m. each. Rs 45 p.m. each.	1 2	Rs. 125 p. m. Rs. 100 p. m. each.	12 12	Rs. 40 p m. each. Rs. 35 p. m. each.
Abstraction Office, Surat.	For copying :— 6.683,430 For sorting :— 6,895,384	220	At Re. 0-4-0 per 100 slips	3 32	Rs. 45 p. m each Rs. 40 p.m. each.	4 2 4	Rs. 60 p. m. each. Rs. 50 p.m. each. Rs. 45 p.m. each.	131	At Re. 1-4-0 per day each.	2 5 3 7	Rs. 60 p m. each. Rs. 50 p.m. each. Rs. 45 p.m. each. Rs. 40 p.m. each.	2	Rs. 125 p. m. each.	16	At Re. 1-4-0 per day.
Abstraction Office, Dharwar.	3,160,017	160	At Re. 0-4-0 per 100 slips	24	Rs. 45 p.m. each.	8	Rs. 60 p. m. each.	91	At Re. 1-4-0 per day each.	8	Rs. 60 p. m. each.	1 1	Rs. 125 p. m. Rs 100 p. m.	4	At Rs. 40 p. m. each.
Abstraction Office, Hyderabad (Sind).	4,114,253	200	At Re 0-5-0 per 100 Sindhi slips and Re. 0-6-0 per 100 English slips.	30	Rs. 45 p.m. each.	10	Rs. 50 p.m. each.	140	At Re. 1-6-0 per day each.	13	Rs. 50 p.m. each.	1 1	Rs. 85 p. m. Rs. 80 p. m.	16	At Rs. 40 p. m. each.

No. IX—Part B.

Part II—Temporary hands. (*British Districts.*)

is given the normal staff when the Office was working at full strength.

Compilation stage.				Special work.						Menial staff.				
Supervisors		Inspectors.		Clerks or Compilers.		Supervisors.		Peons.		Chawkidars.		Water-man.		Remarks.
No.	Pay.	No.	Pay.	No.	Pay.	No.	Pay.	No.	Pay.	No.	Pay.	No.	Pay.	
17	18	19	20	21	22	23	24	25	26	27	28	29	30	31
1	Rs. 65 p.m.	1	Rs. 125 p.m.	Clerks 11 Compilers 5	Rs. 40 p.m. each. Rs. 50 p.m. each.	2	Rs. 60 p.m each.	1 2	Rs. 16 p.m. Rs. 14 p.m. each.	1	Rs. 14 p.m.	..	..	
3	Rs. 70 p.m. each.	1	Rs. 100 p.m.	..	..	..	..	1	Rs. 16 p.m.	3	Rs. 14 p.m. each.	1	Rs. 12 p.m.	
*1	Rs. 45 p.m.							3	Rs. 14 p.m. each.			1	Rs. 10 p.m.	* For one month only.
1	Rs. 50 p.m.	2	Rs. 125 p.m. each.	6	At Re. 1-4-0 per day.	..	..	1 3	Rs. 17 p.m. Rs. 16 p.m. each.	..	..	..	..	
1	Rs. 60 p.m.	1 1	Rs. 125 p.m. Rs. 100 p.m.	8	Rs. 40 p.m. each.	..	..	1 1 2	Rs. 18 p.m. Rs. 15 p.m. Rs. 14 p.m. each.	1	Rs. 14 p.m.	..	..	
2	Rs. 50 p.m. each.	1 1	Rs. 85 p.m. Rs. 80 p.m.	53	Re.1-6-0 per day.	2	Rs. 50 p.m. each.	3	Rs. 20 p.m. each.	1	Rs. 20 p.m.	..	..	

STATEMENT No. X—PART A.

Establishment entertained in the Central Compilation Office, 1931 Census.

No.	Name of Post.	No. of post.	Pay	Period.	
				From	To
1	2	3	4	5	6
			Rs.		
1	Head Compiler	1	225	1-10-31	31-10-32
2	Statistical Assistant	1	125	2-11-31	31-10-32
3	Joint Head Compiler	1	125	11-8-31	31-5-32
		1	80	1-7-32	31-10-32*
4	Record-Keeper	1	55	11-8-31	31-7-32
			60	1-8-32	31-10-32†
5	Peon	1	16	1-9-32	31-10-32
6	Peon	1	15	11-8-31	31-10-32
7	Chowkidar	1	12	1-10-31	31-10-32

* Pay has been reduced to Rs. 80 from the 1st of July 1932.

† Pay increased to Rs. 60 from the 1st of August 1932.

STATEMENT No. X—PART B.

Number of Supervisors and Compilers working under the Head Compiler and Statistical Assistant.

Month.	Supervisors.		Compilers.	
	On Rs. 45.	On Rs. 50.	On Rs. 35.	On Rs. 40.
August 1931	1	....	6	....
September „	....	2	12	....
October „	1	2	20	....
November „	1	2	20	....
December „	1	2	19	....
January 1932	1	2	7	18
February „	1	2	9	16
March „	....	4	5	22
April „	....	4	5	22
May „	....	4	5	22
June „	....	5	....	10
July „	....	4	....	11
August „	....	6	....	12
September „	....	6	....	12
October „	....	6	....	12

STATEMENT No. XI.

Showing the expenditure on enumeration distributed by Districts.

District or Division or States.	District Officers.	House Numbering	Remuneration.	Travelling allowances.	Stationery.	Postage.	Freight.	Miscellaneous.	Total.
1	2	3	4	5	6	7	8	9	10
		Rs. a. p.	Rs. a. p.	Rs. a. p.	Rs. a. p.	Rs. a. p.	Rs. a. p.	Rs. a. p.	Rs. a. p.
Northern Division ..	..	**781 2 6**	**5,766 12 0**	**15,130 10 9**	**203 0 6**	**108 3 11**	**367 0 3**	**5,098 2 11**	**27,455 0 10**
Ahmedabad ..	..	190 0 0	4,886 12 0	4,168 3 0	84 12 6	34 6 0	109 3 0	800 8 6	10,271 13 0
Broach ..	..	135 0 3	880 0 0	1,771 10 0	....	5 0 0	21 10 0	837 9 0	3,650 13 3
Kaira ..	..	121 8 0	....	4,565 2 0	6 0 0	....	64 7 0	732 7 8	5,489 8 8
Panch-Mahals ..		14 2 0	....	715 14 3	40 6 0	18 13 11	27 11 6	991 11 0	1,808 10 8
Surat ..	..	....	....	780 7 0	41 8 0	....	83 2 3	797 12 9	1,704 14 0
Thana ..	..	320 8 3	....	3,129 6 6	30 6 0	50 0 0	58 14 6	938 2 0	4,527 5 3
Central Division ..	..	**334 12 9**	**1,862 4 0**	**17,525 5 5**	**161 13 0**	**1,092 9 0**	**470 8 3**	**5,917 3 9**	**27,364 8 2**
Ahmednagar ..	..	35 3 0	8 4 0	2,852 12 6	37 0 0	....	38 8 6	805 9 10	3,777 5 10
Khandesh-East ..	..	....	....	1,296 4 0	20 6 0	....	3 11 0	838 6 9	2,158 11 9
Khandesh-West ..	..	3 3 0	....	1,314 7 0	25 13 0	....	114 10 6	735 9 3	2,193 10 11
Nasik ..	..	....	....	3,939 6 2	31 0 0	300 0 0	89 4 3	438 2 9	4,817 13 2
Poona ..	..	253 2 0	27 0 0	2,688 4 0	....	315 12 0	102 11 0	917 1 9	4,303 15 6
Satara ..	..	....	....	3,168 0 0	27 8 0	....	12 14 0	633 5 6	3,841 11 6
Sholapur ..	..	....	....	2,227 12 0	....	....	63 10 0	1,009 4 3	3,300 10 3
Bombay Suburban District.	..	43 4 0	1,827 0 0	18 7 9	20 2 0	476 13 0	45 3 0	539 11 6	2,970 9 3
Southern Division ..	..	**147 0 0**	**52 14 0**	**10,768 13 0**	**110 7 10**	**787 14 6**	**679 15 0**	**5,797 0 6**	**18,344 0 10**
Belgaum ..	..	....	....	1,243 15 0	27 9 0	30 0 0	74 14 0	638 6 10	2,014 12 10
Bijapur ..	..	10 2 0	....	1,600 12 0	22 8 0	....	120 1 0	812 8 9	2,565 15 9
Dharwar ..	..	....	....	1,188 14 0	22 0 0	40 0 0	130 11 0	987 7 5	2,369 0 5
Kanara ..	..	....	....	1,686 3 0	20 4 6	10 11 0	111 4 0	830 11 9	2,659 2 3
Kolaba ..	..	10 8 0	35 14 0	990 7 0	18 2 4	....	122 1 0	1,010 5 9	2,187 6 1
Ratnagiri ..	..	126 6 0	17 0 0	4,058 10 0	....	707 3 6	121 0 0	1,517 8 0	6,547 11 6
Sind ..	..	**632 12 6**	....	**12,111 7 10**	**220 8 9**	**59 2 0**	**394 6 9**	**4,826 5 6**	**18,244 11 4**
Hyderabad ..	..	....	....	1,964 3 0	....	....	29 1 0	322 12 0	2,316 0 0
Karachi ..	..	....	....	1,474 6 4	9 4 0	17 10 6	101 9 0	135 11 6	1,738 9 4
Larkana ..	..	220 3 6	....	1,959 12 0	117 2 9	....	105 5 3	938 6 4	3,340 13 10
Nowabshah ..	..	204 5 0	....	1,983 12 0	21 2 0	....	10 8 3	608 7 3	2,828 2 6
Sukkur ..	..	....	....	1,768 12 0	45 8 0	....	....	898 3 2	2,712 7 2
Thar and Parkar ..	..	208 4 0	....	2,835 4 6	27 8 0	....	88 10 3	1,157 5 3	4,317 0 0
Upper Sind Frontier ..	..	....	....	125 6 0	....	41 7 6	59 5 0	765 8 0	991 10 6
Bombay City ..	..	**502 12 0**	**4,185 4 4**	....	**373 8 11**	**12 0 4**	**47 11 6**	**7,226 11 8**	**12,348 0 9**
Provincial Superintendent's Office ..	..	....	....	....	....	**500 0 0**	**12 5 0**	....	**512 5 0**
Aden ..	..	**465 3 11**	**87 8 0**	**198 14 6**	**246 14 1**	**23 11 0**	**26 3 8**	**404 4 1**	**1,452 11 3**
Bombay States ..	..	....	....	**181 6 0**	**45 0 0**	**26 10 6**	**17 9 0**	....	**270 9 6**
Grand Total ..	..	**2,863 11 8**	**11,954 10 4**	**55,916 9 6**	**1,361 5 1**	**2,610 3 3**	**2,015 11 5**	**29,269 12 5**	**1,05,991 15 3**

STATEMENT No. XII.

Showing the expenditure under the major head " 37, Miscellaneous Departments Statistics Census Central " distributed under the heads prescribed by the Census Commissioner.

Main Head.	Sub-head.	1930-31	1931-32	1932-33	1930-33
1	2	3	4	5	6
		Rs. a. p.	Rs. a. p.	Rs. a. p.	Rs. a. p.
A—Superintendence	....	30.156 15 3	29,030 2 3	19,733 0 9	78,960 2 3
	A—1 Pay of Officers	16,905 0 0	19.892 8 0	14,107 1 0	50,904 9 0
	Voted ..	16,905 0 0	19,892 8 0	4.407 1 0	41,204 9 0
	Non-Voted ..	....	....	9.700 0 0	9.700 0 0
	A—2 Pay of Establishment	4,803 1 0	5,382 0 0	4 034 2 0	14,194 8 0
	Pay of men deputed to Census duty .	2,091 2 0	1,800 0 0	1 925 7 0	6.716 9 0
	Pay of men without substantive appointments	1,811 15 0	3,582 0 0	2,108 11 0	7,477 15 0
	A—3 Allowances and Honoraria . ..	3,453 13 0	1,840 8 0	371 10 0	7,866 1 0
	Compensatory Allowance	1,245 14 0	....	....	1,245 14 0
	Officers	918 2 0	...	....	918 2 0
	Establishment	327 12 0	....	....	327 12 0
	Travelling Allowance	4,208 1 0	1 840 8 0	301 10 0	6.350 3 0
	Officers .. Voted ..	3,279 8 0	1,495 0 0	37 11 0	4,812 3 0
	Non-Voted ..	....	....	222 6 0	222 6 0
	Establishment	928 9 0	345 8 0	41 9 0	1,315 10 0
	Honorarium ..	....	....	270 0 0	270 0 0
	A—4 Contingencies	2,994 15 3	1.913 2 3	1,060 3 9	5 970 5 3
	Office rent	646 4 0	806 4 0	550 0 0	2,002 8 0
	Purchase and repairs to furniture .	677 12 6	58 8 0	44 10 0	778 14 6
	Stationery	9 7 0	207 10 0	..	217 1 0
	Postage and Telegram charges ..	1,160 4 0	550 1 0	150 0 0	1,860 5 0
	Freight	287 13 0	89 8 0	118 5 0	495 10 0
	Miscellaneous	161 11 0	107 6 0	176 7 9	445 8 9
	Telephone charges	1 4 0	....	....	1 4 0
	Rewards	....	....	....	....
	Hot and Cold weather Establishment ..	....	5 0 0	....	5 0 0
	Purchase of books and maps	12 7 9	53 7 6	20 13 0	86 12 3
	Liveries and warm clothing ..	38 0 0	20 12 0	....	67 12 0
	Purchase and repairs to tents ..	....	9 9 9	....	9 9 9
	Camel gier	....	....	....	....
	Other contingencies	....	....	....	....
B—Enumeration	....	57,228 12 2	48,366 14 3	396 5 3	1,05,991 15 8
	B—1 Pay of Establishment	8,044 0 0	3,910 10 4	....	11.954 10 4
	District Officers	....	....	....	....
	Remuneration to Census Officers ..	8,044 0 0	3.910 10 4	....	11.954 10 4
	B—2 Allowances and Honoraria	17,980 13 6	37,728 4 0	207 8 0	55,916 9 6
	Travelling Allowance	17,980 13 6	37,728 4 0	207 8 0	55.916 9 6
	B—3 Contingencies	31.203 14 8	6,727 15 11	188 13 3	38.120 11 10
	Stationery	1,361 5 1	....	....	1.361 5 1
	Postage and Telegram charges ..	2,366 3 3	244 0 0	....	2,610 3 3
	House numbering charges	2,301 5 5	562 6 3	....	2,863 11 8
	Freight	1,543 9 0	470 2 5	....	2,015 11 5
	Miscellaneous	23,629 7 11	5,451 7 3	188 13 3	29,269 12 5
C—Abstraction and Compilation ..	....	5,796 6 6	2,40,057 11 4	12,304 8 3	2,58,158 5 1
	C—1 Pay of Officers .. Voted ..	....	11,498 10 0	361 9 0	11,860 3 0
	C—2 Pay of Establishment	20 0 0	70.941 15 0	10.786 5 0	81,748 4 0
	Pay of men deputed to Census duty .	....	5,461 3 3	1,620 0 0	7,081 3 3
	Pay of men without substantive appointments	20 0 0	63,166 4 9	8,822 5 0	72,008 9 9
	Pay of menials	....	2,314 7 0	344 0 0	2,658 7 0
	C—3 Allowances and Honoraria	175 5 0	435 8 0	180 0 0	790 13 0
	Travelling Allowance to Officers ..	160 2 0	59 2 0	....	219 4 0
	Travelling Allowances to Establishment	15 3 0	376 6 0	180 0 0	571 9 0
	C—4 Contingencies	5,601 1 6	1,37.181 10 4	976 5 3	1,63,759 1 1
	Office rent	....	3,104 6 0	....	3,104 6 0
	Purchase and repairs to furniture .	3,077 15 0	3,062 3 9	162 15 3	6,303 2 0
	Stationery	11 11 6	1,501 15 3	9 10 6	1,523 5 3
	Postage and Telegram charges ..	80 2 0	852 9 6	150 0 0	1,082 11 6
	Freight	1,659 9 0	3,779 9 8	48 4 6	5,487 7 2
	Miscellaneous	747 1 6	6.998 5 4	125 7 0	7,870 13 10
	Petty construction	....	....	....	....
	Hot and Cold weather charges .	8 3 6	328 13 0	....	337 0 6
	Liveries and peons' clothing ..	16 7 0	13 4 0	....	29 11 0
	Rewards	....	570 0 0	....	570 0 0
	Pay of men on daily wages	....	1,36,970 7 10	480 0 0	1,37,450 7 10
D—Miscellaneous ..	....	1,875 6 0	446 0 0	....	2,321 6 0
	Officers	....	....	....	....
	Establishment	....	....	....	....
	Other Allowances	1,875 6 0	446 0 0	....	2,321 6 0
E—Printing and Stationery ..	....	53,589 1 2	6,517 11 1	59,800 12 0*	1,19,907 8 3
	Printing	21,042 2 3	4,326 7 0	56,949 0 0*	82,317 9 3
	At Government Press	20,685 3 0	4,326 7 0	56.949 0 0	81,960 10 0
	At Private Press	356 15 3	....	....	356 15 3
	Paper charges	31,221 7 11	2,010 4 1	2,728 2 0	35,959 14 0
	Stationery	1,307 0 0	181 0 0	123 10 0	1,611 10 0
	Postage and Telegram charges	18 7 0	....	....	18 7 0
Grand Total ..	....	1,48,646 9 1	3,24,418 6 11	92,274 5 3	5,65,339 5 3

*These figures are only estimated. Final adjustment of printing charges is yet to be made.

STATEMENT No. XIII.

(A) Recoveries and (B) Receipts credited to the Central Government under "Census".

Account on which	1930-31			1931-32			1932-33			Total, 1930-33			Remarks
1	2			3			4			5			6
	Rs.	a.	p.	Rs.	a.	p.	Rs.	a.	p.	Rs.	a.	p.	
(A) recovered ..	1,706	1	0	1,10,569	7	9	4,283	4	3	1,16,558	13	0	
(B) received ..	....			1,955	6	7	633	2	7*	2,588	9	2	*This does not include the cost of the two Typewriting machines which is yet to be adjusted.
Total ..	1,706	1	0	1,12,524	14	4	4,916	6	10	1,19,147	6	2	